"一带一路"开发研究丛书

总主编 ◎ 向宏 胡德平 王顺洪 徐飞

区域共同市场

后全球化过渡期的市场特性与趋势前瞻

窦祥胜 ◎ 著

西南交通大学出版社
·成都·

图书在版编目（ＣＩＰ）数据

区域共同市场：后全球化过渡期的市场特性与趋势
前瞻／窦祥胜著. —成都：西南交通大学出版社，
2017.4
（"一带一路"开发研究丛书）
ISBN 978-7-5643-5395-7

Ⅰ．①区… Ⅱ．①窦… Ⅲ．①经济全球化－研究
Ⅳ．①F114.41

中国版本图书馆 CIP 数据核字（2017）第 078729 号

"一带一路"开发研究丛书

Quyu Gongtong Shichang

区域共同市场
后全球化过渡期的市场特性与趋势前瞻

窦祥胜　著

出 版 人　阳　晓
责任编辑　赵玉婷
封面设计　严春艳

印张　14　字数　140 千

成品尺寸　165 mm×230 mm

版次　2017 年 4 月第 1 版

印次　2017 年 4 月第 1 次

印刷　四川玖艺呈现印刷有限公司

书号　ISBN 978-7-5643-5395-7

出版发行　西南交通大学出版社

网址　http://www.xnjdcbs.com

地址　四川省成都市二环路北一段 111 号
　　　西南交通大学创新大厦 21 楼

邮政编码　610031

发行部电话　028-87600564　028-87600533

定价　55.00 元

ISBN 978-7-5643-5395-7

9 787564 353957 >

"一带一路"开发研究丛书
创作与出版说明

一、立项说明

"一带一路"倡议如果没有找准全球发展的真实需求，她不可能在今天得到如此众多国家的支持和响应。尽管如此，寻求最广泛的共识与参与依然是我们需要艰苦努力的目标，因为这一倡议的本质是推动"五通三同"：政策沟通、设施联通、贸易畅通、资金融通、民心相通以及利益共同体、责任共同体、命运共同体，在此基础上实现区域共同市场的协同发展与全球化的深入。

"一带一路"倡议尽管是一个经济发展战略和操作计划，但她明显区别于一般的全球发展概念和相应项目计划，因此，"五通三同"既是手段又是目的，只有如此，我们才能推进相关事业的螺旋递进和升华发展。

面对如此众多的国家与经济体，要建立"五通三同"的基本理解与共识并不断深化，将是一个非常复杂的浩繁系统工程。我们深知没有理论研究的超前展开和持续跟进，寻求广泛共识与普遍参与将是非常困难的。

"'一带一路'开发研究丛书"将从五个角度把握选题方向，弄清基本诉求、明晰关键问题、找准逻辑关系：一，从中国国家战略角度；二，从全球发展角度；三，从"一带一路"倡议实施的相关主体角度；四，从西南交通大学角度；五，从新基建高潮与轨道交通发展角度。

（一）从中国国家战略角度

随着改革与开放事业的循环递进，中国借助全球化契机，快速实现了城市化与工业化，也就是初步现代化。长周期高速成长的中国在今天面临如何跨越"中等收入陷阱"与"修昔底德陷阱"的巨大难题，全球经济格局的变化也给我们带来了新一轮的挑战。通过更紧密地融入世界经济体系尤其是亚非欧市场，毫无疑问是跨越两大陷阱、实现和平崛起的根本性战略选择。

2013年9月，中国国家领导人正式向国际社会提出了共建"丝绸之路经济带"和"21世纪海上丝绸之路"的重大倡议，两者合称"一带一路"倡议。近四年来，"一带一路"倡议首先在中国变成了实实在在的国家战略，从组织机制与体系到首批项目安排都全面展开，取得了阶段性成果；"一带一路"倡议不仅得到了沿线国家的积极响应，也结出了诸如亚投行、金砖银行等重大战略性、阶段性成果；2016年11月17日，第71届联大将"一带一路"倡议正式作为大会议程，这不仅标志着国际社会对它的接受，更预示着"一带一路"倡议逐渐成为全球发展的新理念与新思路，成为"千年计划"的重要操作内涵；2017年1月17日，习近平主席在达沃斯世界经济论坛年会上宣布将在北京召开"一带一路"国际合作高峰论坛，预示着中国声音、中国主张、中国方案将满怀信心地进入国际议题；刚刚结束的中美元首"海湖庄园会晤"不仅将开启中美"新型大国关系"格局下的新合作局面，还将在规划中美关系下一个45年的过程之中，探寻"繁荣中美与建设世界并行不悖"的、促进世界经济"增量再平衡"的、中美共同倡导的全球发展新主张和"再全球化"新战略，这些中美间的战略安排将促进"一带一路"倡议的全面深化和"一带一路"大市场的兴旺发达。

我们可以预计，5月14日至15日在北京召开的高峰论坛不仅是中国主场的全球性盛会，也标志着"从一带一路到人类命运共同体"的全人类"大交通"时代的即将来临，新一轮的世界经济大繁荣也许将由此开启，中国新一轮"对外求和、对内求变"的改革发展新战略同样也将由此开启；随后召开的中共十九大将是新一轮改革发展新战略的组织保障与机制深化。

（二）从全球发展角度

今天亚洲的大部分国家依然面临现代化的紧迫需求，也就是城市化与工业化的紧迫需求；美洲尤其是南美、欧洲尤其是东欧不少国家也面临同样的需求；非洲更是如此。

"一带一路"倡议的一个重要特征就是借鉴中国快速实现工业化与城市化所积累的相关经验、模式、方法以及相应的中国能力，联合欧美日等发达国家力量和沿线发达经济体力量，推动亚、非、拉为主的洲域市场快速实现赶超型的、后发优势的现代化过程。因此，"一带一路"倡议也可以说是全球市场整体实现城市化与工业化的"收尾工程"，它将迎来的是现代化的灿烂晚霞。

今天的北美、欧盟等发达国家和经济体，虽然也因就业等压力提出了"再工业化"等口号，事实上是很难收到实效的，更难发挥比较性优势。他们恰恰应该面对未来寻求超前的战略安排与新竞争力布局，通过商业模式与机制的创新实现诸多未来产业的提前成熟，并通过新兴产业与新生活方式创造全新的后工业化产业体系与新消费体系，实现经济的转型与市场的繁荣乃至社会的发展。

"一带一路"倡议的另一个重要特征就是在中美螺旋递进的战略合作机制下，依托美国发达的科技力量与教育力量，创新技术方案与商业模式，联合欧日等发达经济体力量和沿线发达经济体力量，推动中美市场为基础的、"一带一路"沿线相对发达经济体普遍参与的、超前布局的、先发优势的后现代化过程。因此，"一带一路"倡议也可以说是中美联手推动的全球市场发达经济体超前实现后工业化与后现代化的"超前工程"，它将迎来的是后现代化的蓬勃朝阳。

"一带一路"倡议的上述两大特征使其完全有可能成为"再全球化"或"后全球化"时代，实现世界经济"增量再平衡"和新一轮长周期繁荣的全球新战略，也是推动工业化往后工业化演进的文明转型工程。

（三）从"一带一路"倡议实施的相关主体角度

"一带一路"倡议实施涉及的各类主体非常丰富，同类主体又有不同的层级需求；每类主体对"一带一路"的关注、研究、参与都抱有不同的目的与不同的逻辑演进关系。

"一带一路"倡议实施涉及的产业面也相当广泛，不同区域产业链发育的成熟度又有相当大的差异，全球性产业秩序也处在总体平衡的动态调整之中，它的不确定性和不同主体扮演的龙头角色又决定了产业重组与再造所面临的企业性格的个性化。

　　"一带一路"倡议实施中有一个征象必须说明，那就是区域共同市场的抬头乃至区域共同市场主义的兴起，这就使我们多了一个关注的对象，那就是区域共同市场的牵头人，也许是国际组织、也许是强势国家、也许是强势企业。

　　"一带一路"倡议实施不能回避它对现行国际政治经济秩序的影响甚至是话语权地位的调整，既有秩序的守成方和挑战方之间的矛盾是无法回避的，关键是看新秩序的建构能不能达成挑战方与守成方的新平衡，这种新平衡的认可需要靠新思维与大主张。

　　我们的研究，包括因本套丛书带来的深化研究显然是不能够囊括各类主体的不同需求，当下的需求也许还能够有几分感觉，未来变化中的需求调整是很难把握的，尤其是博弈的双方在入场前后的动机变化是最难把握的，我们将尽努力挑战它。

（四）从西南交通大学角度

　　西南交通大学秉持 120 年的大交通理念，在全校师生、校友事实上已经是"一带一路"倡议项目实施的普遍参与者基础上，根据创办"双一流"大学的总体目标，提出了"以'一带一路'倡议为契机，以国家实验室为突破，全面建构大交通范畴的学科体系建设理念和有特色的世界一流大学目标"，并以此展开交大新一轮的改革发展新事业。

　　学校成立了"一带一路"开发研究院与"一带一路"历史文化研究院，参加了全国政协统筹的，由清华大学、国家开发银行、丝路基金等机构发起的"丝路规划研究中心"，同时与中央财经领导小组办公室保持联系，将学校机制与国家机制结合，一方面系统性、全局性展开"一带一路"研究，另一方面积极展开国家战略层面的项目实践。近期开发研究院在华盛顿组织了 20 位中美双方政产学人士参加的"中美民间基建合作计划专家工作组",推动中国民间资本联合赴美的"美国基建投资计划",取得中美双方高层的一致认可与褒扬。2016年年底,历史文化研究院应梵蒂冈教皇邀请赴梵展开"中梵丝绸之路历史文化研究",不仅取得了阶段性成果,还建立了与梵方多个机构的长期合作机制,2017年5月将组织北大、北师大、北外、中国红楼梦研究会、中国曹雪芹研究会等中方专家与梵方教皇大学、梵蒂冈博物馆展开系列研讨会与课题合作,推动"一带一路"历史文化研究上台阶、创品牌。

两个研究院在工作中发现虽然"一带一路"倡议的实践已经走在前面,但理论研究尤其是系统理论研究与理论准备明显不足,落后于实践。我们认为"一带一路"倡议是在全球化发展转型期、全球性工业化与现代化步入后发阶段、后工业化与后现代化步入先发阶段、崛起大国与守成大国进入相持阶段、世界经济正在由失序的不平衡走向有序的再平衡过渡阶段等多个特殊时期提出的。面对这样一个特殊时期,既需要有突破的理论思维与主张,也需要表达核心主张的理念阐述、更需要有逻辑的操作方案且要照顾不同主体的真实需求与思维习惯。

基于上述观点,两个研究院提出了由"智库型模式"起步并逐渐过渡到"智库与教学结合模式"的发展思路。一方面通过智库拓展与"一带一路"相关主体尤其是市场主体的紧密互动关系,进一步找准两个研究院的操作性定位;另一方面组织编写"'一带一路'开发研究丛书",聚集研究资源、提出研究思路、创新研究方法、服务战略实施,在此基础上,进一步找准两个研究院的学术定位。与此同时,动员与统筹全校力量、五所交大的协同力量和成都地区、西南地区高校力量,乃至"一带一路"关联地区大学力量和"大交通"关联的全球性力量参与研究与智库活动。

通过两个研究院对"一带一路"倡议的系统研究,我们越来越发现不仅"一带一路"所关联的亚洲、非洲、欧洲尤其是中东欧普遍面临基础设施先行带动的城市化与工业化快捷发展的后发现代化的总体需求,整个美洲包括北美同样存在如此需求。我们注意到伴随中美合作关系的升级,世界性的新基础设施建设高潮即将掀起。

也许它发端于中美两国的基建升级、繁荣于"一带一路"直接推动的亚非欧"世界岛"。

两对新一轮的基建浪潮，在后发现代化国家最重要的表现特征是"大交通"推动的城市化与工业化；在先发现代化国家和地区如美、欧、日等以及中国部分地区，表现特征是"新型大交通"推动的新空间布局与新产业布局。

"大交通"强调依托高铁及城市轨道交通串联形成的城市带、产业带以及在此基础上的特色城镇群与特色产业群；"新型大交通"强调依托磁浮等新型轨道交通实现大都市与特色卫星小镇的快捷连接，重构都市空间格局与新产业布局，除此之外还包括空地一体化新型交通格局带来的"未来城市"的兴建。

由此看来，"新型轨道交通"将是"大交通"与"新型大交通"的基础解决方案，西南交通大学在轨道交通领域的全国性地位乃至全球性地位决定了它的特殊角色。

高铁尤其是时速300公里左右的常规高铁，虽然是新型轨道交通的重要组成部分，但它的研发体系和产业体系已基本成熟，交大要做的工作更多的是补充与完善。交大要在升级版的超级高铁，重载铁路，第二代中低速磁浮列车、高温超导磁浮列车等磁浮轨道交通多样化应用，空铁等多制式城市轨道交通，国防特种运输装备，真空管道超高速轨道交通（1000 km＋），现代有轨电车、虚拟有轨电车等"新型轨道交通"方面聚集研究力量与市场力量，不仅创中国"双一流"大学，还要创世界第一的"新型轨道交通大学"，以此带动交大综合能力的全面成长，用全球性基建高潮的大势推动交大成为国际一流研究型大学与智库型大学。

为了实现上述目标，尤其是在"新型轨道交通"产业体系成型之前，交大不仅要为学术体系的完善发挥独特作用，也要为标准体系的完善发挥关键作用，更要为市场体系的超前布局发挥先锋作用。因此，尽快组织战略投资人一步到位形成大资本介入的"中国新型轨道交通集成集团有限公司"显得尤为重要与迫切。它是学术、科研、产业良性循环的重要一环，在一个全新产业孵化之初，这样的机制更显得尤为必要。

（五）从新基建高潮与轨道交通发展角度

伴随中美合作新格局的来临、"一带一路"倡议的全面实施，一场启动于中美市场、繁荣于"一带一路"市场的全球性基础设施建设高潮即将来临。交通，毫无疑问是先行工程，轨道交通尤其是高铁和城市轨道交通又是先行工程中的先行工程。

中国已经有大大小小的若干行业取得了全球规模与技术的领先优势，在大行业领域取得市场领先优势的还是凤毛麟角，中国高铁与城市轨道交通是我们最自豪的佼佼者，它事实上成了全球有目共睹的中国基础设施建设能力的核心能力。我们的尴尬在于为我们这一产业巨大市场优势做出贡献的主要还是国内市场，而大步走向全球市场才是我们轨道交通产业真正成熟的标致。

我们靠国内规模市场优势做大了产业，但还没有做强，关键问题出在应用研究与基础研究的相对滞后，深层问题又在于研究力量的协同与组织机制的困扰，更深层次的问题在于应对全球竞争、大国竞争到底应该有怎样的产业发展战略与机制保证。

培育优势企业、打造优势产业毫无疑问是国家竞争力战略与新一轮改革发展的关键能力需求与基础能力需求；中国高铁与城市轨道交通因市场规模所积累的丰富经验与综合能力，使其成了市场潜力最大的优势产业和企业集群，这样的综合优势产业相对而言实在太少；它过去的成功，一是靠大胆决策、超前超规模展开、用暂时的亏损换取中国城市化与工业化整体能力的快速提升等巨大综合收益，二是靠产学研资源的系统性长期积累；现在的问题，浅层面看是过于依赖国内市场、进入国际市场依然面临技术经济多项指标的竞争压力，深层次看表现为产业、科研、教育整体协同机制与定位出了问题，基础科研与新技术孵化跟不上市场的变化与需求；市场大势来了，它启动于中美新一轮的基建合作计划，繁荣于"一带一路"基础设施建设的先行；需求来了我们从何下手，只能是一方面尽最大努力抓市场，另一方面抓产业与应用研究能力提升，但这需要一个过程；综合而言，从教育突破相对容易、逻辑也比较顺畅，中国轨道交通教育、科研、产业综合体系离世界第一只差一步，教育水平离第一目标相对更近，教育水平的整体提升必然带来基础研发与新技术孵化的能力跃升，直接推动产业规模优势变成性价比优势、技术优势、品牌优势，全球第一的教育品牌更便于整合各类相关主体与不同阶段的科研资源，有利于突破产学研整体能力的协同性障碍；通过世界第一的轨道交通大学和相关研究体系，带出世界第一的优势产业和企业集群不仅可行且战略意义重大，如此安排"一带一路"倡议与"中美基建合作计划"就能快速取得丰富的早期收获。

二、选题原则与创作力量的组织

在今天看来，"一带一路"倡议既是一套中国发展战略，也是一套全球发展战略。两者之间是一个相辅相成的关系：中国战略必须有清晰的国际逻辑，否则没有操作性；全球战略必须要有一定的中国因素，否则同样操作性不强。中国不仅仅是"一带一路"的倡议者，更是市场要素资源组织的基础环节与关键环节，也是新机制的建构者与新方法的始创者。

选题原则要兼顾理论与理念、政府与市场、经济与技术、工业化与后工业化、现代化与后现代化、全球化与后全球化、经济与社会、历史与文化，还要兼顾宏观与微观、战略与战术、理论与实践、国家与地方，更要兼顾国际与国内、长远与现实、区域与国别、产业与项目、产业与金融、大企业与小企业、金融体系与金融产品、金融市场与资本市场等多方面。要从这些关系中抽象出选题要义，安排好出书计划的时间序列与分类序列。

"'一带一路'开发研究丛书"总体采取命题研究的创作形式，创作力量首先是以西南交通大学为首的大学力量，包括五所交大、成都、四川、西南地区相关高校和北京地区相关高校等，其次是国内外从事相关问题研究的各类专业人士。

我们特别注重寻找相似题目的著作者，由他组织研究力量结合我们的战略意图进行再创作。如此安排不仅有利于快速形成研究成果，更有利于思想碰撞、观点交锋与学术深化。

由于"一带一路"概念本身是一个操作性概念，因此方案策划与设计显得尤为重要，许多选题将采取"研讨会"形式展开，由主创人员邀请相关专家共同研究"方案设计"，这样不仅使其研究成果的应用价值得以大大提升，还方便阅读，方便相关人员依不同角色进行资讯的取舍。

如何创新研究形式与课题创作形式是我们接续关心的重要问题，通过它可以使选题的资讯内涵与价值内涵得到最大化发挥。

"'一带一路'开发研究丛书"的编写过程本身也是西南交通大学"一带一路"开发研究院与西南交通大学"一带一路"历史文化研究院创立、研究力量组织、定位精准、方法论形成、智库品牌创立、超级项目能力形成、超级项目模式建立的过程，也是交大产学研模式升级发展的过程，更是中国"一带一路"倡议完善的过程。

我们希望本套丛书能有效服务整个"一带一路"倡议的深度认知与中国"一带一路"倡议的深化。它重在系统基础上的早期行为推动，也不排除在若干年后通过实践的总结形成第二套丛书。我们希望借此丛书的创作为"实验政治学"、"发展经济学"、"产业经济学"、"公司经济学"、"方案经济学"以及"现代化理论"与"后现代化理论"、"大交通理论"、"文化人类学"与"空间人类学"等学科的理论建设做出贡献，更希望为"一带一路"倡议建构起系统的理论体系。

三、选题分类与计划

"'一带一路'开发研究丛书"按九大类方向进行选题规划：一是核心理论与主张系列，二是总体战略系列，三是大国与域内经济体相关理念与主张系列，四是新理念与行动系列，五是人文历史系列，六是中国改革开放新战略系列，七是中国新市场理念与战略转型系列，八是智库与媒体系列，九是轨道交通系列。

编委会初步拟定了九大类 100 多个选题方向，主要是便于著作者参考与选择，整个丛书计划控制在 100 本以内，编委会与著作者在互动中确定最终选题与研究计划和写作提纲，双方取得一致意见后再进行具体的研究与写作工作。

编委会初步拟定的100多个参考选题也将在研究深化过程中不断调整与修改，此次提出的如下选题旨在打开研究视野、明确九大分类的逻辑关系，为首批计划的推出建构参照坐标。

（一）核心理论与主张系列

1. 文明与产业：从工业化与现代化走向后工业化与后现代化
2. 新规则：工业文明与后工业文明的胶着与转型
3. 新贸易论：国家间的竞争与改变世界的基础力量
4. 国是与生意：超级项目与超级资本在未来十年将如何改变世界
5. 停滞与繁荣：摆脱政治困扰，迎接新商业力量带来的世界性繁荣
6. 十字路口：新国家为何官僚化以及特朗普可能的再设计与再改变
7. 一千个理由：中美始于现实主义繁盛于新商业主义的战略合作
8. 窗口期：习近平、特朗普可能带来的改变与行进中面临的巨大压力
9. 一带一路：中国经验与中美欧能力结合的后发现代化道路
10. 拥抱：摆脱冷战思维的大国战略
11. 科莫湖：湖边散步，对话美中欧新世界体系
12. 增量再平衡：中美战略对话的全球性议题与机制构想
13. 大交通：从"一带一路"走向人类命运共同体
14. 实践社会主义：在制度竞赛的反省中寻找超越第三条道路的新方向
15. 人类命运共同体：通过经济繁荣导向新普世价值的全球共识

（二）总体战略系列

16. 竞争力报告："一带一路"相关国家与经济体现实能力的总体评价

（五）人文历史系列

（八）智库与媒体系列

　　经济全球化和全球经济一体化发展是人类文明进步的必然结果。然而，国家主权的存在和世界市场的不完善，导致了全球化进程的停滞不前。那么，相对于全球化，后全球化究竟是对其的延续还是对其的逆转？对此，有不同的解释。持后全球化是全球化发展的结果和进一步延续观点的人认为，在后全球化时期，虽然全球化的形式和内容发生了显著的变化，但是全球化的脚步并没有停止。持后全球化是对全球化逆转的观点的人则认为，后全球化表明各国参与世界市场的意愿和动力正在不断下降，贸易保护主义日益盛行并将成为主流，全球化的步伐正在减缓直至停止。

　　实际上，由全球化到后全球化的发展是由多种因素共同决定的。从全球化的历史进程看，全球化发展的道路一直是艰难曲折的，从来都不会是直线前进的。如果仅仅是从经济发展的角度看，后全球化无疑是对全球化的逆转，是市场经济的倒退。因为全球化意味着世界共同市场的日益完善和成熟，这就为经济资源的全球化配置提供了广阔的舞台。而后全球化必然会造成世界市场的分割和不完善，使得经济资源只能在有限的国内或区域共同市场内进行配置，从而限制了经济资源的全球化最优配置。

相对于全球化，后全球化过渡期具有一些独特之处，如世界市场的区域化与多元性、世界各国面临的问题更加复杂化等。因此，世界各国必须适应世界市场的变化，共同为推动世界文明进步做出贡献。写作本书，是为了探讨后全球化过渡期一些重要的基本问题，并对中国如何适应后全球化发展提出相关政策建议，以促使中国更好地融入国际社会，推动人类文明的进步和发展。

全书共由四章组成：

第一章，探讨后全球化过渡期世界市场的基本形势，主要包括从全球化到后全球化、全球化背后的困境、世界市场格局能否改变、世界市场变革的动因以及世界各国面临的挑战与机遇等内容。

第二章，分析后全球化过渡期世界市场的新特征，主要从后全球化过渡期区域共同市场能否得到强化、区域共同市场能否给相关国家带来福音、区域共同市场会加剧垄断还是竞争、欧洲区域一体化市场是否具有普适性以及千姿百态的区域共同市场方面进行论述。

第三章，讨论后全球化过渡期人类面临的共同问题，包括世界人口问题、资源短缺与能源安全问题、环境问题和世界安全问题。

第四章，探讨后全球化过渡期中国的大智慧与大战略，主要从开放中的中国与世界、世界格局重塑与中国的大国责任、以中国智慧引领世界潮流、后全球化过渡期中国的战略大布局以及世界大变革背景下中国如何苦练内功方面进行讨论。

　　本书只是一般应用性著作而非严格的学术性论著，所以除了个别部分的概念性和纪实性内容参考了相关文献并作了标注外，其余大部分内容都是由作者在长期知识积累的基础上独立编撰而成的。个别地方内容也可能与现有的文献存在相似之处，但由于是根据已有的知识推论和综合而成，所以无法确切标注。由于时间仓促，书中的部分观点和论述还未来得及仔细推敲，书中还可能存在诸多不足和疏漏之处，恳请读者批评指正。

窦祥胜

2016 年 10 月 15 日

目录
contents

第一章　后全球化过渡期：一个纷繁复杂的新世界

第一节　从全球化到后全球化

一、历史和现实的考察

全球化是资本主义发展的必然产物，它已经具有了数百年的历史。早期的全球化发端于 15 世纪后期西方资本主义国家的对外掠夺与扩张，这使得世界市场从早先的欧洲市场逐步拓展到亚洲、美洲和非洲地区，真正具有了世界性。不过，这时的世界市场无论是从广度还是深度上看都还处于十分低级的阶段，还不是一个成熟、完善的市场，只能说是具备了世界市场的雏形。

19 世纪初，西欧主要资本主义国家先后完成了工业革命。工业革命不仅极大地提高了社会生产力，也极大地推动了国际分工和国际贸易发展。工业革命还推动了蒸汽机车的发明应用和人类航海运输业的发展。它们共同推动了国际分工体系的形成和国际贸易的大发展。至此，世界市场正式形成，这也标志着全球化的进程正式开启。^① 然而，

---

① 刘力，章彰. 经济全球化：福兮？祸兮？. 北京：中国社会出版社，1999：4-6.

人类历史上的第一次全球化进程由于第一次世界大战的爆发而被迫停止。

第二次世界大战结束后，在美国等主要西方国家的主导下第二波全球化开始兴起。从 20 世纪五六十年代开始，各民族国家纷纷开始独立，它们迫切要求从发达国家输入资本和技术来发展自己的经济。而美国等生产力发达国家则需要向其他国家输出资本和投资，迫切要求推行贸易、金融和投资自由化。于是，新一波的全球化浪潮开始兴起。1945 年开始实行的布雷顿森林体系所确立的固定汇率制及相关的贸易、资本和投资自由化规则，对于新一轮全球化的稳步推进起到了保驾护航的作用。其后的几十年里，以亚洲"四小龙""四小虎"等为代表的新兴市场国家的生产力得到了迅速发展。然而，由于 20 世纪 70 年代后期和 80 年代初中期美国等西方资本主义国家出现了经济与金融危机，全球化浪潮一度停滞，甚至出现了倒退。

20 世纪 90 年代，第三次全球化浪潮兴起。与第一次全球化带有掠夺和殖民性质、第二次全球化带有明显的政治色彩不同，第三次全球化是真正意义上的经济全球化。它基本遵循世界生产力发展和国际分工的规律，在全世界范围内配置经济资源，世界各国完全依据市场竞争法则展开国际竞争。特别是中国和俄罗斯等新兴市场经济大国的崛起，深刻地改变了世界经济格局。虽然美国等西方经济强国在世界市场中仍然占有明显的优势，但是早期的那种完全由西方资本主义发达国家主宰的世界经济格局已不复存在，世界经济真正进入了公平竞争的时代。

然而，20 世纪末和 21 世纪初以来，以"亚洲"为代表的新兴市场国家由于不适当地推行金融开放和自由化政策，导致了以"亚洲金融危机"为典型的金融危机的频繁发生。这使得许多新兴市场国家开始反思早期实施的全球化和自由化政策，致使对外开放和经济全球化步伐开始放缓甚至停滞。

20 世纪 90 年代末期以来，美国的经济也频现周期性波动，先后发生了次贷危机和其他金融危机，加之美国外交政策的失误，导致经济不断出现波折，曾经的全球化的积极倡导者和主要领导者也出现了裹足不前的畏难情绪。欧盟因为债务危机等金融和经济问题的困扰，近些年来经济增长趋缓，贸易保护主义情绪一度凸现。日本自 20 世纪 90 年代经济出现衰退以来，一直萎靡不振，始终未能走出困境，从而严重地削弱了其推动全球化的实力和热情。

中国、俄罗斯、印度、巴西和南非等发展中大国，虽然是全球化的积极参与者，但是因为现阶段的实力仍然有限，一直推行的是审慎的对外开放和全球化政策，难以发挥关键的主导作用。从现实看，世界经济中心已不再单一化，无论是美国还是欧盟都难以独领风骚。全球经济中心已经开始从原来的西方向全球扩散，区域经济联盟和区域市场的作用越来越突出。

以上种种迹象表明，世界经济已经开始进入到后全球化时代。

二、后全球化是对全球化的延续还是逆转

那么，相对于全球化，后全球化究竟是其的延续还是对其的逆转？对此，有不同的解释。

持后全球化是全球化发展的结果和进一步延续观点的人认为，在后全球化时期，虽然全球化的形式和内容发生了显著的变化，但是全球化的脚步并没有停止。理由是，美国在世界经济中的相对地位虽然下降了，但是它仍然是世界头号经济强国。它向世界输出资本和技术的内在动力和意愿并没有消失和减弱，而且它仍然是世界主要的商品进口国。由此看来，美国推动全球化的意愿和决心并没有实质性的改变，只是在具体的策略和战术上发生了变化。欧盟自成立以来一直是以本区域内的经济和贸易发展为中心。近些年来欧盟自身经济出现了问题，所以经济和贸易保护主义势力抬头，但实际上它在世界市场上的地位和作用仍然十分突出。日本经济的长期低迷使得国内的反全球化势力有所增长，但是迄今为止日本仍然是世界市场上的活跃分子，它的电子和汽车等工业产品出口仍然占有世界出口市场的不小份额。新兴市场国家仍然渴望在全球市场中占有自己的一席之地。可见，全球化仍然是当今世界的主旋律，一刻也没有停顿下来。

相反，持后全球化是对全球化的逆转观点的人则认为，后全球化表明各国参与世界市场的意愿和动力正在不断下降，贸易保护主义日益盛行并将成为主流，全球化的步伐正在减缓直至停止。理由是，美

国的昔日雄风早已不在，但是为了极力维持自己的经济、政治和军事
地位，必然会加快实施地缘政治，并采取某种经济、政治和军事措施
来遏制中国和俄罗斯等潜在的强大对手。在经济上，主要是加强高新
技术出口的限制，同时通过反倾销和绿色壁垒等政策手段来限制从中
国等国家的进口，这就从根本上阻碍了全球化的进程。欧盟国家不仅
面临着严重的经济问题，而且还面临着欧元区解体的政治矛盾，所以
欧盟国家具有内在的抵制全球化的倾向。中国和俄罗斯等新兴市场经
济国家，经过几十年的发展，国内市场体系已经形成，而由于国内市
场潜力较大，并且与周边国家建立了良好的经济贸易关系，所以更钟
情于国内市场和区域市场，这就在实际上自觉或不自觉地成为全球化
的消极影响者。可见，后全球化本质上是对不平衡的世界经济结构的
再调整和再平衡，是对全球化的逆转。

以上两种观点似乎都有道理，因为它们从不同的角度对后全球化
现象进行了解释。实际上，由全球化到后全球化的发展是由多种因素
共同决定的。从全球化的历史进程看，全球化发展的道路一直是艰难
曲折的，从来都不会是直线前进的。如果仅仅是从经济发展的角度看，
后全球化无疑是对全球化的逆转，是市场经济的倒退。因为全球化意
味着世界共同市场的日益完善和成熟，这就为经济资源的全球化配置
提供了最广阔的舞台。而后全球化必然会造成世界市场的分割和不完
善，使得经济资源只能在有限的国内或区域共同市场进行配置，从而
限制了经济资源的全球化最优配置。

　　然而，和国内经济发展一样，世界经济发展从来都不仅仅是单纯的经济问题，而更多地夹杂着主权政治和文化的差异。正因为如此，地缘政治矛盾始终难以化解、局部世界战争频发和恐怖主义滋生。一个有趣的现象是，全球化使得世界大部分国家越来越富裕，极端贫穷落后的国家和贫困人口数量越来越少，但是恐怖主义和世界安全矛盾却越来越突出。这种现象从经济角度是难以解释的，只能够从主权政治和文化差异方面来寻求答案。

　　美国是自由市场经济国家和多元文化融合国家的世界典范。但是，从美国社会经济发展的历史看，在经济繁荣时期美国总是竭力倡导、推动贸易和投资自由化，但是当经济出现衰退的时候则会出现明显的贸易保护主义。同时，美国为了挽救和振兴衰退的经济，甚至不惜采用战争来解决问题，这在历史上不胜枚举。究其原因，主要是为了维护其地缘政治利益和在全世界推行其文化价值观。作为世界经济和军事超级强国，美国十分乐意推动全球化，但同时潜意识里又害怕损失其既得利益，于是一些非理性的经济行为便产生了。近些年来美国对全球环境合作一直持消极态度，就是这一心态的真实写照。如此说来，与其说后全球化是对全球化的逆转，不如说它是世界各主权国家为了适应未来的全球化而出现的暂时性的心理调整和过渡性的适应。

　　欧盟国家一开始就是为了克服疆域狭小和资源与市场有限而联合在一起的，这种弱者心态必将随着全球化的不断推进而日益暴露。从欧盟自身实践的结果看，欧洲一体化最初设想的理想状态并没有实现，反而矛盾百出，以至于许多人担心欧盟在不久的将来会解体。实际上，人们一般认为欧盟的产生就是为了在经济和军事上抗衡美国和日本，从而在世界上取得优势地位。由此看来，欧盟国家无论如何也不可能真心实意地成为全球化的积极推动者，至少在现阶段是不可能的。当然，它也不可能完全孤立于世界，而是采取不同程度的有限参与和合作策略。

相对于美国和欧盟，日本比较特殊。二战后经过 30 多年的艰苦奋斗，到 20 世纪 80 年代日本终于成为仅次于美国的世界经济强国。但是好景不长，20 世纪 90 年代日本经济的强劲势头开始减缓，日元危机以及其后的老龄化社会的到来等多种因素，使得日本经济始终徘徊不前，这直接影响了日本参与区域和世界经济事务的能力和积极性。不仅如此，即使在亚洲，日本也因为中国经济的快速增长而逐渐失去了领导力。可见，日本在全球化进程中的影响力已十分有限。

20 世纪 90 年代以来，新兴市场经济国家由于实行持续的改革开放和积极参与全球化，经济全球化和自由化程度越来越高，已经在全球化发展中发挥了举足轻重的作用。然而，包括中国在内的新兴市场经济国家，也都存在诸多社会经济问题，这迫使它们选择了审慎的全球化道路。许多国家开始更多地关注区域经济交流和合作，真正意义上的经济全球化对它们来说似乎还很遥远。

以上分析表明，后全球化似乎是全球化的一个不可逾越的历史阶段，是世界各国进行经济、政治和文化自我调整与自我适应的必要阶段。虽然这一时期可能会很漫长，但是它将为世界最终实现真正的全球化和世界市场一体化准备条件。

第二节　全球化背后的困境

一、全球化与经济不平衡问题

全球化是市场经济规律作用的必然结果。以全球化最基本的内容国际贸易为例。按照国际贸易理论，各国之所以要开展国际贸易，首先是因为各国按照自己的比较优势来进行专业化生产，然后通过世界市场同其他国家进行交换可以获得比完全由自己生产更多的收益，整个世界福利也因为专业化生产和国际交换而得到了提高。其次，由于一国的国内市场有限，所以导致企业难以实现高度的专业化和规模化生产。实行国际化和全球化生产经营，以世界市场为目标，就可以较好地解决因有限的国内市场制约而难以实现的大规模专业化生产。进行国际化和全球化生产经营是一国，特别是一些人口较少和疆域狭小的国家，实现规模化生产经营的必然要求。

以上是对国际贸易动因的基本解释。虽然从理论上来看很简单，但是高度的专业化生产和国际交换是建立在合理的国际分工和合作的基础之上的，如果没有合理的国际分工体系和有效的国际合作，那么专业化生产和国际交换就难以有效地开展。但是实际上，由于历史和现实的原因，一个合理有效的国际分工体系始终难以形成。原因在于，以美国等为代表的军事和经济实力强大的国家，在国际分工体系中总是居于优势地位，而许多军事和经济实力较弱的发展中国家始终处于被支配地位，由此导致了看似公平但实际上是弱肉强食的世界市场竞争局面。在这种情况下，发达国家必然会利用自己的垄断优势来攫取超额利润。长此以往，一个极度不平衡的世界经济格局必然会形成。

第二次世界大战后，由于受到战争的破坏，大多数国家经济都极度落后，人民的生活水平低下，生活困苦。但是美国因为受到战争的影响较小，所以在战后一跃成为军事、技术和经济超级大国。美国利用其拥有的技术和经济优势，对落后国家进行大举投资，为战后世界经济复苏和发展做出了重要贡献。作为战败国的原联邦德国和日本，正是在美国的扶持和帮助下逐渐发展成为举世瞩目的经济发达国家。亚洲"四小龙"和"四小虎"等新兴市场经济国家的兴起，也有美国投资和扶持的因素。

一个有趣的现象是，在二战后相当长的一段时期内，虽然美国在世界军事、技术和经济中占有绝对优势，它通过向落后国家大规模输出资本来攫取高额垄断利润，但是这种事实上的不公平交易并没有引起这些落后国家的激烈反抗和斗争。然而，20 世纪 80 年代以来，随着更多西方发达国家和新兴市场经济国家的崛起，美国的统治地位受到了越来越多的挑战。这些挑战不仅来自于欧盟、日本等发达地区和国家，也来自于诸多新兴市场经济国家。

为什么会导致上述现象呢？一个可能的解释是，二战后初期的一段时期间，那些极端落后的国家一穷二白，难以独立自主，只能依附于美国这样的发达国家，处于典型的"雏鸟依附"阶段。但是随着自己的工业体系和市场体系的逐步建立，它们对美国的依赖性也在逐步降低，开始进入类似羽翼尚未丰满的幼鸟的半依附、半自由阶段。20世纪末期和进入 21 世纪以来，新兴市场经济国家的工业体系和市场体系已日渐成熟，具备了独立自主的条件，这时自然开始追求公平，要求和美国等西方发达国家共同分享世界经济利益。

可见，虽然全球化并不是造成世界经济不平衡的原因，但是由于历史和现实的原因，它和世界经济不平衡似乎具有天然的联系。这就是造成现阶段全球化裹足不前，而进入后全球化时代的重要原因之一。可以预见，未来的全球化发展必须要解决世界经济平衡发展和各国利益兼顾问题，否则是难以有效推进的。

二、全球化与国家利益的不一致性

全球化的最高境界是实现全球经济一体化。也就是说，世界各国完全超越主权国家的利益和狭隘的国家观念，完全按照世界市场上的自由竞争原则来开展国际经济活动，各国的国内市场已经完全与国际市场接轨，一个统一发达的世界市场业已形成。显然，这只是一个理想的状态，至少在现阶段是难以实现的。

首先是存在技术溢出效应。一个国家的综合竞争力最终依赖于技术创新，但是技术本身却具有溢出效应。因此，许多国家都对自己的高新技术采取限制出口的措施，以防止其他国家模仿或窃取，其结果必然是世界生产力的不平衡分布。这也是阻碍全球化进程的关键因素之一。实际上，无论是发达国家还是发展中国家，都会将国家利益置于首位，它们的一切经济活动都是以不损害国家利益为前提条件的。但是，全球化却要求各国让渡自己的利益，完全通过世界市场竞争来进行利益分配，以实现世界福利最大化。这就造成了全球化与主权国家利益的不一致性。而一旦国家利益受到严重损害，它们就会极力抵制全球化发展。近些年来，美国、欧盟和日本等发达国家和地区，之所以对全球化采取消极的态度，就是害怕自己的国家利益受到伤害。

其次是存在公共物品与搭便车行为。以全球气候变暖和环境恶化为例，人类只有一个地球，地球环境的恶化必然会威胁到整个人类的生存和安全，这是人所共知的。但是世界各国对全球气候问题的解决却始终难以达成一致的意见。发达国家认为，既然地球是大家的，就应该共同承担其应有的温室气体减排责任。发展中国家却认为，发达国家历史上是主要的温室气体排放国，而且它们的现实经济和技术条件较好，应该承担更多的减排责任，导致最终难以达成一致的意见和方案。有趣的是，美国是公认的资源和能源消费大国，但是对温室气体减排问题却一直持消极的态度。因为气候环境是公共物品，大家都想搭便车而不愿付出。这是一个典型的例子，类似的世界问题还有很多。由于主权国家利益被置于优先的地位，使得许多国际问题难以有效地得到解决。

再次是为了维护国家经济安全。按照国际经济理论，世界各国应当按照比较优势原理来广泛地参与国际分工和合作，以实现世界福利最大化。但是实际上几乎所有的国家为了维护产业和经济安全，都会不适当地限制某些贸易和投资。美国是典型的自由市场经济国家，但是美国对国防科技、信息产业和金融产业等敏感部门的对外开放设置了诸多限制性条件。特别是对诸如中国这样潜在的竞争对手，管制得更加严格。实际上，近年来中国对美国的多起并购案都被美国政府以损害国家经济安全为由制止，但其中有一些并购却既没有涉及美国的商业秘密和知识产权问题，也不属于敏感经济技术部门。可见，国家经济安全有时候会成为全球化发展的一个重要障碍。

最后是为了维护国家安全。维护国家安全本来是一国的基本权利和要求，它和一国积极参与全球化发展并不必然存在矛盾。但是在现实实践中，由于对世界政治和经济形势的误判，加之东西方国家之间在文化和制度等方面存在的差异，有时候以维护国家安全为由的作为或不作为，实际上限制了全球化的发展。再者，近年来无论是发达国家还是发展中国家，都面临着严峻的恐怖主义威胁，这对维护国家安全提出了更高的要求。虽然全球化与恐怖主义并不存在必然的联系，但是全球贸易和投资自由化为恐怖主义向全球蔓延提供了有利的金融和经济条件，客观上加剧了恐怖主义的扩散。可以预见，未来共同打击恐怖主义将会成为各国推进全球化进程的重要内容之一。

三、全球化与文化价值观的冲突

文化价值观是一个国家和特定区域的民族千百年来长期形成的精神财富，它在一定程度上具有相对固化、封闭与排外的特点。然而，对外开放和全球化必然会带来世界不同国家、不同地区的文化价值观的大碰撞，甚至导致激烈的对抗与冲突。本质上说，一国的文化价值观主要体现在政治体制、法律体系、社会经济体制、意识形态、宗教信仰和文化习俗等各个方面。

政治体制始终居于社会的核心和统治地位，它决定了一个国家的法律、社会和经济体制。但是世界各国的政治体制各不相同，即使同在资本主义世界，各个国家的政治体制也有差异。比如，美国和英国两个语言文化极其相似的国家，它们的政治体制也是不同的。英国实行的是君主立宪制，而美国实行的则是总统制。德国和法国等其他欧洲国家之间的政治体制也存在明显的差异。此外，政治体制决定意识形态，而意识形态则直接影响和支配人们的社会经济行为。因此，这种政治体制的差异虽然并不必然会制约一国的对外开放和全球化，但是实际上在许多情况下会影响全球化的进程。

法律直接规范和制约人们的社会经济行为。由于不同国家的法律体系和具体的规定不同，直接导致了各个国家经济主体的市场行为存在着差异，而这种差异则从根本上影响和制约了国家与国家之间经济交易契约的签订和执行。最为明显的例子是，国家风险始终是影响跨国投资的重要因素之一，而在国家风险中法律体系与制度则具有决定性的作用。实际上，近些年来因为各国之间的法律制度及对其理解不同而导致的国际经济纠纷越来越多，对经济国际化和全球化发展无疑具有消极的影响。

社会经济体制（包括市场体系、产业体系与政策以及宏观经济政策等）开放与否直接构成了全球化的内容并深刻地影响全球化的状态与进程。发达国家由于其多元开放的文化习俗以及在经济上具有显著的比较优势，所以它们实行的是开放的社会经济体制。相反，发展中国家由于其封闭的文化惯性和在经济上的比较优势不明显，所以大多实行的是开放程度不高的半封闭式的社会经济体制。可见，发达国家与发展中国家之间即使是在社会经济体制方面也存在较大的差异，而这种差异有可能会导致它们之间在国际经济交易中的摩擦和阻力。实际上，20 世纪 90 年代以来发达国家与发展中国家之间的投资与贸易的相对比重在下降，这与它们之间的社会经济体制差异有很大的关系。

在文化价值观中，宗教信仰与文化习俗的作用尤其明显。在人类发展的历史和现实中，宗教信仰与文化习俗的不同一直是导致国与国之间矛盾和冲突的最主要原因之一，有时候它还成为阻碍一国对外开放与全球化发展的关键因素。特别是一些保守主义和封闭性特征明显的宗教信仰与文化习俗，它们具有内在的抵制对外开放和全球化发展的直觉和冲动。这在非洲、南美洲和亚洲的一部分国家表现得尤为明显，这也是它们参与全球化程度不高的重要原因之一。当然，在当今时代仍然完全实行封闭式发展的国家已不多见，但是由于传统的宗教信仰与文化习俗根深蒂固，一些国家仍然实行的是有限的开放和全球化。这种现象在未来很长一段时期内是难以彻底消除的。

四、全球化与国际政策协调

全球化的最大益处来自于基于比较优势的国际分工和世界范围内的竞争性交换。但是由于世界市场竞争不仅需要有相应较为完备的统一的市场体系与基础性设施，而且还需要有与统一的世界市场相匹配的法律与政策环境，以创造一个世界性的公平竞争环境与秩序。这就需要世界各国进行广泛有效的国际合作和政策的国际协调，以共同维护世界市场的稳定与繁荣。

然而从现实看，各主权国家为了自身的利益往往采取对自己有利的政策，导致了各国政策之间的不协调甚至相互冲突。实际上，全球化的难点之一是如何实现国际政策的协调和一致，因为这是充分发挥世界市场作用和效率的前提和条件。

二战以后在布雷顿森林体系下，由于美国在世界市场和经济中占有绝对的主导地位，所以国际政策不协调的矛盾不是很突出。但是布雷顿森林体系崩溃后世界出现了多极化的格局，在这种情况下国际政策不协调的矛盾日益凸现出来。"汇率战""贸易战"等现象层出不穷，导致世界经济混乱不堪和全球化停滞不前。

不仅全球范围内的国际政策协调出现困难，连区域市场内部的政策协调也困难重重。目前欧盟是全世界最紧密的区域一体化合作组织，欧盟成员国之间广泛的政策合作已经成为国际政策协调的典范。但是即使如此，欧盟内部也常常会出现不和谐的声音，甚至英国已经退出了欧盟组织。可见，只要主权国家利益存在，全面的国际政策协调是难以真正实现的。

为了协调各国间的政策和矛盾，国际社会成立了国际货币基金组织和世界贸易组织等国际经济组织，它们在不同的历史阶段对稳定世界经济发展发挥过十分重要的作用。国际货币基金组织在布雷顿森林体系时代曾发挥过十分重要的作用，对战后世界经济的稳定和发展做出了不可磨灭的贡献，但是布雷顿森林体系崩溃后它的作用日渐下降，这与当今多元化汇率体系时代的需求极不相称。虽然各个国家都希望国际货币基金组织能够在稳定汇率和调节国际收支等方面发挥更大的作用，但是各国又不愿意让渡部分实质性的经济和金融权力并承担应有的责任，最终造成了进退两难的局面。

世界贸易组织是在《关税与贸易总协定》基础上形成的，它和国际货币基金组织一起成为当今最有影响力的两大国际经济组织。毫无疑问，世界各国利用自己的智慧所达成的《关税与贸易总协定》对促进世界贸易发展发挥了极其重要的作用，但是由于它并没有从根本上解决国际贸易政策协调的问题，所以局部的世界贸易战仍然频繁发生。比如，中国和欧盟国家间的倾销与反倾销争端、中国与美国之间的贸易争端等诸多矛盾频现。实际上，这些贸易争端根本上都源于国际贸易政策的不协调。20世纪90年代以来，由于以中国为代表的新兴市场国家的崛起和以美国为代表的发达国家经济实力的相对下降，使得国际贸易政策的协调越来越困难，这也是导致贸易争端越来越多和全球化停滞不前的重要原因之一。

从一般意义上说，国际政策协调是全球化的必然要求和条件。反过来，全球化给世界各国所带来的经济利益又有助于加深国际政策的协调。然而，这只是完全基于市场经济规律所得出的理想推论。主权国家利益的存在导致了国家主体的有限理性或非理性的行为，而这更多地是由政治而非经济因素所决定的，这就是当今全球化的真实写照。可以预见，在未来相当长的一段时期内，政治因素仍将是主导全球化的主要因素，而经济因素则始终处于次要的地位，除非已经严重地威胁到相关国家的政治利益。

第三节　世界市场格局会改变吗

一、变革的必然性

整个世界市场体系是由各个国家的国内市场或由其形成的区域性

市场采取某种形式联系在一起的。一般来说，国内市场是一个无缝衔接的整体的一体化市场，不仅市场设施完善和统一，而且受到国家统一的法规和政策的约束，所以市场的竞争性和效率较高。不同于主权国家的国内市场，世界市场是国内市场的松散联合体，市场的一体化程度相对不高，更缺乏统一的法规和政策约束，所以存在内在的缺陷和矛盾。

世界市场的内在缺陷和矛盾之一是它具有内在的结构不平衡性。从历史上看，最早的世界市场仅局限于欧洲地区，严格地说它还只是一个区域市场而不是一个世界市场。后来逐渐拓展到亚洲、美洲和非洲地区，才形成了一个世界市场。可见，世界市场的范围自开始形成起就一直处于不断地变化和发展之中。

世界市场的中心也一直处于不断的变化之中。自 19 世纪西欧国家工业革命完成到 20 世纪初，英国一直是世界市场的中心，英国伦敦不仅是世界最重要的商品集散地和交易中心，而且也是世界最大的黄金和外汇交易中心。直到今天，英国伦敦仍然是世界重要的大银行机构总部的聚集地和黄金交易中心。二战以后，世界市场和经济中心开始转移到美国，美国不仅是最大的商品进口国，而且也是服务贸易的最大输出国。美国纽约已经成为世界上最大的证券交易中心和外汇交易中心，美国芝加哥商品期货交易所是世界上最具影响力的期货交易中心之一。实际上，无论是在商品市场还是资本市场上，美国都占有绝对的优势，发挥着领导和支配作用。

20 世纪 80 年代以来，虽然美国仍然是世界市场和经济中心，但是日本和欧洲的经济已开始崛起。日本在亚洲区域市场上的作用开始增强，以欧盟国家为主体的欧洲一体化市场开始兴旺发达，各自在本地区都发挥着十分重要的作用。比如，20 世纪 80 年代日本东京的资本市场已经成为亚洲地区最为发达的资本市场，日本和周边国家之间的贸易和投资规模也越来越大，成为世界市场上一股不可或缺的新兴力量。

20 世纪 90 年代以来，随着中国经济的日益强大，中国对世界市场和经济的影响也开始日益增强。中国不仅是世界最大的商品出口国之一，也是世界最大的商品进口国和最有利的投资场所之一。中国的资本市场日益完善和增强并且同国际资本市场逐步接轨，成为国际资本市场上一股新的力量和重要参与者。可以预见，随着中国资本市场的日益完善和人民币走向国际化，中国终将成为世界市场的重要一极，在世界市场上发挥不可估量的作用。

可见，世界市场已由早期的单极化逐步向多极化演化和发展，而且随着世界经济利益格局的变化，这种演化和发展还将出现日益加速的趋势，这是全球化的必然结果。实际上，全球化的基本动力来自于各主权国家对经济利益最大化的热切渴望和不懈追求，其结果是世界经济利益格局的大变革，而这种大变革又反过来深刻地影响着世界市场的布局、结构和利益分配。这种循环往复的螺旋运动，使得世界市场处于不断地变革和创新之中，从而给世界经济源源不断地注入新的动力和带来新的活力。

二、变革的不确定性与风险

一个脆弱的世界市场与经济体系存在着多种可能的均衡，既包括好的均衡也包括坏的均衡。好的均衡状态将不断地推动着世界市场和经济体系向高级化方向发展。当然，好的均衡状态又包括各种可能的形态，从最优到次优、次次优等。最理想的结果无疑是实现世界市场的最优均衡状态，但是由于存在诸多的不确定性，所以现实中很难实现。更多的情况则是，寻求次优或次次优的结果。

坏的均衡状态是世界各国都试图回避的，但在现实中却是难以完全避免的。从世界市场与经济发展的历史进程看，由贸易战争发展到军事战争在历史上屡见不鲜。从本质上看，这是由于相关国家和世界经济处于坏的均衡状态及由此加剧国内外各种矛盾所导致的。实际上，历史上的每一次战争几乎都与世界经济不景气有关。第一次世界大战的爆发，主要是在世界市场与经济处于衰退及出现严重的失衡，并且失衡的矛盾日益加剧，从而进一步威胁到原先既得利益者利益的情况下发生的。第二次世界大战同样是世界市场及经济利益格局变化的结果，是德国和日本等国家为了推翻既有的世界市场与经济格局，试图在世界市场中占据垄断地位，从而达到主宰世界的目的而发动的。这些都是由于世界市场与经济处于坏的均衡状态，从而导致社会经济矛盾不断积累，以至于最终以战争形式得以表现。

世界市场与经济的不确定性首先表现为其均衡状态的不确定

性。理论上说，世界市场与经济应该按照一定的路径依赖不断地向前推进。但是实际上，世界市场与经济始终处于周期性的不断变化状态之中，而其中的原因除经济自身因素外，政治因素的作用有时候可能更突出。即使市场和经济按照其固有规律发生周期性变化，但是政治家们出于政治需要往往会对市场和经济进行某种程度的干预。政治家们由于对市场和经济形势认识的偏误或者为了有意识地迎合选民，对市场和经济进行干预的结果往往会加剧市场和经济的波动，如果经济处于坏的均衡状态，就可能会导致更坏的均衡状态的出现。

世界市场与经济的不确定性还表现为某些偶然事件的爆发。各种自然的和人为的因素都有可能给世界市场和经济带来灾难性的影响。比如，自然方面的气候异常变化和地震等偶然因素，会给一国或一个地区的社会经济造成巨大的影响，从而引起世界市场和经济的震荡。这在历史上已多次发生，所谓的"太阳黑子说"就是解释大自然变化对人类社会经济造成的重大影响。再比如导致金融危机发生的投机性攻击和羊群效应，有时候完全是由一些偶然性事件所导致的，而当世界市场和经济处于坏的均衡状态的时候，这些偶然性事件的作用往往会被多倍放大，最终导致一国或全球性的金融危机。

世界各国之间的无序博弈也是导致世界市场与经济的不确定性的重要原因之一。国际分工和协作是相互依存、相伴而生的，两者缺一不可。国际分工越是广泛和深入，越是需要世界各国加强广泛和深入协作，而更广泛深入的国际协作又反过来进一步促进国际分工。国际经济自由化和全球化发展是国际分工全面发展的具体表现，这就要求在全球化发展的同时还要有效地加强国际间的合作。但是从现实看，各国为了维护自身的利益，往往很难自觉地依据国际贸易、金融和投资协议在世界市场上进行有序竞争。特别是政治文化差异较大的国家之间，有时候还会展开损人利己的恶性竞争甚至贸易战。

三、世界市场格局的重塑与再平衡

战后以来，随着全球化程度的不断加深，世界市场也越来越发达。与此同时，世界市场及其利益格局也出现越来越不平衡的现象。从世界总体来看，世界市场中的大部分份额都被发达国家所拥有，而发展中国家却始终处于被动的地位。20 世纪 80 年代以来，新兴市场经济国家虽然得到了快速的发展，在世界市场中已经占有一席之地甚至发挥了重要的作用，但是总体上仍然处于从属地位。

不仅世界市场总体出现不平衡，而且区域性共同市场也存在着不平衡的问题。现阶段欧洲区域共同市场是最发达和最完善的区域性世界市场，但是内部不平衡的矛盾依然很多。近几年欧洲债务危机的发生和欧元币值的不稳定变化，已经充分表明欧洲共同市场内部不平衡的矛盾已经凸显甚至日益激化。2016 英国公投脱欧，实际上已经表明欧洲共同市场不平衡的矛盾已经激化，当初所设想的理想的欧洲一体化结果并没有出现。

　　由美国、加拿大和墨西哥所组成的北美共同市场似乎较为稳定，但是实际上美国始终处于支配地位，加拿大和墨西哥为了搭便车不得不牺牲部分本应该属于自己的利益，所以本质上看北美自由贸易区内部也存在着局部不平衡的矛盾。亚洲区域市场、南美洲区域市场和非洲区域市场实际上还处于萌芽状态，离区域一体化市场还很遥远，主要是由于各区域市场内部各个国家之间的市场结构性差异过大，难以相互接轨和趋于一体化。

　　以上现实表明，世界市场不平衡的矛盾十分突出。为了解决这个矛盾，有必要重塑世界市场格局，逐步缩小世界市场的区域和国别差距，最终真正实现世界市场一体化。那么，如何才能够彻底解决这一问题呢？答案只有一个，那就是加速全球化进程。前面已经提到，全球化可能会带来诸多问题，世界市场格局的不平衡可能是其中之一。但是，这只是不发达的全球化阶段所导致的矛盾，因为在这一阶段国家的政治和主权属性往往会起到更重要的作用，而资本和市场属性的作用相对较弱。实际上，如果世界市场达到了发达的全球化阶段，国家的政治和主权属性将完全让渡于资本和市场属性，而世界性的自由市场竞争将会使各国的比较优势得到充分发挥，于是一个自由、公平的世界市场真正形成。

　　从实践上看，真正抵制全球化发展的国家主要有两类。一类是发达国家，由于它们已经形成了强大的科技和经济优势，所以长期在世界市场上获取超额垄断利润。而全球化将会不断地削弱它们在世界市场上的垄断权，在这种情况下它们自然不会真心推动全球化。另一类则是极度落后的国家，由于科技极端落后和工业体系尚未完全形成，短时间内它们的比较优势难以充分发挥出来，所以它们内心希望延缓全球化进程，以便赢得时间来建立和健全国内市场体系和迎接未来全球化的挑战。

由此看来，重塑世界经济格局只有完全依赖全球化发展才能够真正实现。当然，现阶段还需要发达国家舍弃短期利益来帮助和扶持发展中国家发展科技和经济，为完全的全球化奠定公平竞争的市场环境条件。同时，发展中国家应该积极地采取对外开放政策和全力推动本国科技和经济发展，加快国内市场体系建设，而不应该采取抵制或回避全球化的态度。实际上，每个国家都有自己显著的比较优势，国际分工与协作以及全球化的根本目标就是为了充分发挥各国的比较优势，所以全球化才是重塑世界市场格局的最基本和最有效的手段。

四、理想的路径依赖

首先是构建一个多元化、多层次的世界市场体系。由于世界不同国家的国情各异及由此所导致的世界市场与经济体系的复杂性，至少在现阶段还难以形成一个一体化的完全统一的世界市场。在这种情况下，一个可行的思路是构建一个多元化、多层次的世界市场体系，以适应不同国家和地区的国际交易。具体地说，现阶段应着重加强区域共同市场的建设，因为组成区域共同市场的各主权国家处于相同的地域，彼此存在着天然的联系和交往，所以无论是从可接受性还是从交易成本方面看，相比世界市场，区域共同市场都有一定的优势。欧洲区域共同市场目前是世界上最为成熟和发达的区域性市场，有许多地方值得其他地区学习和借鉴。

除了区域共同市场外，还应该加强某些特殊的世界市场的建设，以满足特定领域的世界交易的需要。以离岸金融市场为例，由于离岸金融市场不受所在国的金融管制，所以自由化和全球化程度高，它为世界各国融资提供了极大的便利。还有一些全球性属性明显的领域，也需要尽快构建一个全球性市场。最典型的是碳排放权交易市场。因为碳排放会影响全球气候，需要全世界共同来解决，所以构建一个全球性的统一的碳排放权交易市场不仅是可能的，也是十分迫切的。此外，有些市场（如一些大宗商品市场和资本市场等）的开放性历史积淀厚实，本身的全球化程度较高，可以着重在这些领域加快世界市场的建设，以便引领和推动整体世界市场的建设。

其次是让资本说话。资本是无国界的，其本性是逐利，但是由于主权国家的存在，它被深深地印刻了政治和主权的烙印，这明显地违背了自由资本主义精神。因此，未来世界各国应该强调全球化的资本属性，而逐渐淡化甚至消除其政治与主权属性。当然，这一转化过程的本身也应该是在资本主导下来完成的。实际上，现阶段发达国家之所以能够主导世界市场和经济，主要是因为其所拥有的跨国公司具有全球竞争优势。不仅如此，随着世界市场竞争的日趋激烈，一些跨国公司之间也开始采取某种形式的合作，如在一些重大应用技术创新研发方面建立技术联盟等，试图维持其垄断优势地位。而发展中国家却相反，因为缺乏具有全球竞争优势的跨国公司，所以只能在世界市场上处于从属被动地位。这也是一些发展中国家消极对待全球化发展的重要原因之一。

然而，随着新兴市场经济国家的日益发展和崛起，其大型财团也在日益成长，逐渐形成了全球竞争力。更重要的是，随着经济结构变迁和新的技术创新周期的到来，一些原来比较优势不明显的经济领域的后发优势将日益凸显，而拥有这些后发优势的新兴市场经济国家则可以实现跳跃式发展，在世界市场上大显身手。在这种情况下，新兴的市场经济国家完全有可能战胜发达国家而成为具有优势地位或者至少与发达国家平等的新的经济实体。可见，试图利用主权国家的力量来消极对待全球化是不可取的，必须依靠资本的力量来战胜对手，这是一个利己又利人的双赢结果。

再次是加快形成新的国际分工与协作体系。战后以来国际分工与协作体系已经发生了巨大的变化，但是旧的国际分工体系的痕迹依然存在，由发达国家所主导的不合理的旧的国际分工体系依然没有完全消除，这也是导致发展中国家消极对待全球化的主要因素之一。然而，世界生产力的发展已经达到了新的高度，世界市场体系也日益发达，所以世界各国应当按照自由竞争的市场规律来积极地推动新的国际分工与协作体系的形成，以便彻底解放世界生产力。

诚然，新的国际分工与协作体系的形成应当完全遵循世界市场竞争规律，在资本的主导下来实现。但是，这并不意味着各个国家可以无所作为，各国应当加强合作来共同推动，以加速新的国际分工与协作体系的形成。

最后是加强公共领域的全球合作。人类共同生活在一个地球，在人口、资源和环境等方面面临着共同的问题。这些问题既具有经济属性，又具有政治属性。因此，在这些共同领域加强国际合作显得十分必要和迫切。全球化问题首先是人的问题，而解决人的问题必须依靠教育。所以加强教育（尤其是高等教育）方面的国际合作，广泛开展人才交流和科技合作，积极培养国际化人才，不仅对于一国的经济发展有利，还将极大地推动国际交流和全球化发展。

资源短缺是各国发展面临的共同问题，但是地球极地地区和公海蕴含着大量的宝贵的天然资源，世界各国可以利用全球化的契机进行共同开发，这样不仅可以发挥世界科技的优势，也可以避免无谓的战争。环境和气候问题更是困扰世界发展的世纪难题，目前国际社会已开始着手探讨和解决这个问题，但是效果并不理想。为了避免因温室气体效应所带来的全球气温升高而对地球造成的灾难性影响，世界各国应当紧密团结起来，加强合作，尽快地采取措施来解决这一问题。因为这些共同领域的问题，仅仅依靠资本的全球化发展是无法解决的，必须通过加强全球合作来完成。

第四节 世界市场变革的动因

一、资源配置空间的自然扩张

在现代市场经济条件下,资源的配置完全是由市场机制来完成的。资源配置和使用效率的提高无非是通过两种途径:一种是充分发挥价格机制的作用,由价格来调节市场供求,从而引导资源向最有效率的领域流动;另一种是扩大资源配置选择的空间,因为资源配置选择的空间越大,选择的机会越多,能够获得的比较利益也就越多。

对于市场经济发达的国家来说,前者的潜力已经得到充分发挥,但是后者的作用潜力似乎无限。以美国为例,美国是市场经济最发达的国家之一,市场机制的作用已经得到充分发挥。然而,随着资本存量规模的不断扩大,资本的边际效率却出现了不断的下降。在这种情况下,唯有将资本输出到国外,才能够保持资本的边际效率不变。同时,资本由富余的国家输出到短缺的国家,还有利于提高整个世界的福利效果。这就是全球化所带来的直接效益。实际上,发达资本主义国家之所以发达,一定程度上与其资本大量的对外输出从而获得更多的垄断利润有一定的关系。虽然早期的对外资本扩张带有一定的暴力倾向,但是很大程度上还是价值规律作用的结果。二战以后,发达国家的资本对外扩张和输出,主要是建立在价值规律基础之上的。也正因为如此,它对现代世界生产力的发展发挥了不可估量的作用。可以说,没有发达国家的资本对外输出,就不可能出现今天繁荣兴旺的世界经济景象。

有种观点认为，发达国家已经达到了资本主义暮年，其资本对世界市场和经济的影响力将日趋衰退。这完全是一种错觉，因为它完全是以现阶段的经济和技术条件所做出的推测。实际上，当今世界正在由传统经济模式向新经济模式转变，而新经济所蕴含的潜力将是十分巨大的。以新能源、绿色产业和大数据产业为例，它们的发展不仅颠覆了传统的经济，而且还将带来巨大的经济机会。目前美国和欧盟的部分发达国家正在积极筹划和推动这些产业的发展，试图在关键技术上取得突破。试想如果这些产业发展取得成功，新一波的资本和技术输出又将出现，届时又将改变世界市场和经济格局。

新兴市场经济国家由于其国内市场不发达，所以国内市场的潜力还很大。但是，要想充分挖掘国内市场潜力，必须实施"引进来、走出去"战略。"引进来"的目的不仅是为了引进国际资本和技术，更重要的是为了增强国内市场的竞争和提高整体市场的有效性，从而直接和间接地提高资源配置的效率。而"走出去"是为了广泛地参与国际分工和充分发挥比较优势，实际上每个国家都有自己特有的比较优势，关键是如何在世界市场上发挥自己的比较优势。特别是发展中国家之间的双向投资，不仅能够有效地扩大资源配置的空间和选择范围，而且更有利于发挥发展中国家的比较优势。因为发展中国家之间具有平等的竞争地位，这将更有利于发挥资本的实力和竞争优势。

综上所述，就资本的本性来说，只要条件具备，它必然会向外扩张。这正是国际价值规律的魅力之所在，它也是推动世界市场变革的主要动因之一。

二、科技创新

科技创新是推动全球化发展和世界市场格局变动的最主要原因之一。因为科技创新不仅极大地提高了世界生产力水平，也深刻地改变了世界生产力的结构和布局。而世界生产力是决定世界分工与协作的关键因素，所以科技创新必然会改变世界分工与协作的格局，从而从根本上改变世界市场与经济的格局。

科技创新改变了原有的产业结构与产业布局。一方面，科技创新将使传统产业得到提升或进行蜕变并衍生出更有活力的产业，从而在世界市场中重新焕发青春。另一方面，科技创新对各产业的影响是不同的，从而对不同的世界市场的影响也是个一样的。特别是它可能会造成某些旧有的世界市场出现衰退，而使另一些新兴的世界市场快速成长起来。因此，科技创新的周期性变化也会造成世界市场格局发生相应的变化。

科技创新催生了新的经济增长点，而在不同的国家或地区这些新的经济增长点的增长快慢和分布状况存在着较大的差异，从而形成的市场规模及其市场影响也不一样。从世界总体来看，新的世界市场差异出现了，由此引发了新一轮的世界市场结构的调整直至达到新的平衡。实际上，世界市场的不断调整和始终处于动态平衡的根本动力来自于科技创新，科技创新的深度和广度决定了世界市场变化和调整的范围与程度。

从科技创新本身的规律看，一项科技创新要经历新技术的出现、成熟到标准化这样的周期性阶段，体现在产品上即经历产品创新、产品成熟和产品标准化三个阶段。而在产品的不同阶段，生产该产品的比较优势也会在不同的国家之间发生转移，于是导致了世界贸易结构和贸易利益发生了变化。可见，技术创新与扩散会导致世界生产和贸易格局发生变化，从根本上改变世界市场的格局。以上仅仅是从单项科技创新方面来进行分析的，实际上不同的科技创新往往是同时出现的，所以它们对世界市场的影响是十分巨大的。

科技创新不仅创造了新的世界生产力，也极大地改变了人们的生产和生活方式。航空技术创新与航空业的发展缩短了人们旅行的时间，使得世界旅游产业和市场越来越发达。互联网和信息技术的创新极大地缩短了人们之间的距离，世界各地的人们不仅可以利用互联网来进行交流，还可以利用互联网来从事全球购物和其他商务活动。可见，科技创新不仅改变了传统世界市场的格局和结构，而且还创造了世界市场的新形态，从而使世界市场出现了革命性的变化。

当然，由于一项重大的科技创新往往是由发达国家率先完成的，经历了一段时期以后才逐步转移和扩散到发展中国家，所以发达国家在世界市场及其格局变化中始终处于支配地位。但是这并不意味着发展中国家只能无所作为，发展中国家可以利用后发优势来开展适合自己特点的科技创新,并开发出自己特有的产品来同发达国家进行竞争,最终在世界市场中发挥独特的作用。实际上,新兴市场经济国家的崛起已经对世界市场产生了重大的影响,特别是在某些区域性市场中发达国家的作用越来越小,而某些区域性市场完全由新兴市场经济国家主导的情形已经出现。本质上,这都是由科技创新及由此所带来的综合竞争力不断增强的结果。

三、制度与文化变迁

世界市场是在国内市场的基础上形成的,它是国内市场对外开放和国际化的结果。然而,一国的国内市场实行对外开放和国际化不仅仅涉及市场和经济体制的变革,而且还涉及政治、法律和文化等相关体制和制度的变革,是一项广泛而系统的社会经济改革工程。

早期的世界市场的初步形成是资本主义对外扩张的结果。为了掠夺其他国家的资源和占领其他国家的市场,当时以英国等为代表的西欧资本主义强国常常使用武力来开拓市场,这与早期人类崇尚武力文化密切相关。实际上,即使是在国内,通过使用武力来解决问题也是司空见惯的现象。当然,那时的国家制度还不健全和完善,人类文明还没有完全超越早期的野蛮阶段。但是,社会生产力的发展促使资本主义强国产生对外扩张的冲动,客观上促进了世界市场的形成。

第二次世界大战结束后,以美国为首的资本主义国家重建了世界秩序。布雷顿森林体系的建立和运行为国际金融和投资提供了制度规范，《关税和贸易总协定》的签订初步保障了世界各国积极参与世界市场和有序开展国际贸易。由于受到新的世界秩序和制度的影响，一些原先相对封闭的落后国家，也开始反思自己的制度和文化，积极尝试对外开放和参与全球化。其中，亚洲"四小龙"和"四小虎"就是典型的例子。

早期的"四小龙"和"四小虎"国家大多遵循儒家文化，较为保守。二战后，它们开始有限地接受美国的资本和技术援助，并同美国开展国际贸易。随着同美国的经济与贸易交往越来越多，国内市场和经济体制发生了巨大的变化，加之受美国的政治制度和文化的影响，它们的整个制度与文化都发生了适应性变革，与世界市场完全接轨，最终成为世界市场上一股不可或缺的力量。可见，制度和文化虽然具有一定的惰性，但是在新的强大的外部社会生产力的诱导下必然会发生适应性变迁而趋于开放，而一旦这一转变过程完成将会对对外开放和全球化产生新的持续的推动力。

二战后很长的一段时期，由于各种原因，我国经济建设在曲折中前进。20 世纪 80 年代采取改革开放政策后，逐步融入世界市场，最终成为世界市场上举足轻重的新兴市场经济国家。相比于改革开放前，中国不仅在社会生产力发展上取得了巨大的进步，更重要的是已经基本上形成了一个相对开放的制度和文化氛围，从而极大地解放了社会生产力。可以预见，随着中国积极借鉴世界先进的经济、政治、法律、社会和文化制度，中国的国内市场将同世界市场完全接轨，届时中国对世界市场的影响将会更大。

实际上，即使是美国和欧盟等发达国家和地区，也在积极地推动制度和文化的改革。这一方面是为了适应世界文明发展的需要和跟上世界文明的脚步，另一方面也是为了通过相关制度和文化的变革来保持自己在世界市场上的主导地位。因为虽然资本是全球化的先行者，但是国家的主权政治及相关的制度与文化也必然要跟上全球化的步伐，而不至于落后得太多。否则，最终会阻碍资本全球化的发展，以至于导致世界文明的倒退，这是每一个国家都不愿看到的结果。

四、人类视野的扩大与文明进步

从世界市场形成的历史进程看，它经历了国内市场、区域性市场和世界市场这样一个逐步发展的阶段，而这又与人类视野的扩大与文明进步的进程基本一致。在人类活动的早期，由于交通与通讯技术极端落后，人们活动的范围和交流机会有限，所以必然限制了人类的视野。由于不同地域和民族的交流有限，所以人类先进的文化和文明方式也难以在世界范围内得到迅速的传播和推广。即使是在19世纪中叶西欧工业革命完成后的一段相当长的时期内，东西方之间的物质交流和文化传播的机会仍然有限，这也从一个侧面解释了二战前全球化和世界市场缓慢发展的原因。

第二次世界大战结束后，世界交通与通讯技术的迅速发展，极大地增强了东西方之间的物质和文化交流，创造了更多相互学习、取长补短的机会。这种相互交流和学习，不仅极大地丰富了各国的物质和文化生活，也开阔了人们的视野。任何一个雄心勃勃的企业，都将以世界市场为目标和舞台来展开竞争，这也导致了大量的实力雄厚的跨国公司的产生和发展。由于跨国公司实力雄厚，有能力开展技术和新产品研发，所以在全球化和世界经济发展中发挥了任何国家都难以替代的作用。

在全球化发展中出现的一个有趣的现象是，越是传统落后的国家越是消极地对待全球化，这显然与传统文化的封闭性和狭隘性密切相关。这很类似于我们通常所说的"小农意识"，而"小农意识"的本质是自给自足、封闭式循环发展，因而资源选择及其价值实现的空间有限，这就从根本上制约了一国的社会经济发展。仔细考察目前世界经济中的落后国家可以看出，除了受到战争严重破坏的少数国家外，其余的极端落后国家都没有实行对外开放政策。相反，一个善于学习的民族必然是对外开放的，而对外开放又能够进一步地提升其知识和创新能力，从而在世界市场竞争的大舞台上能够始终立于不败之地。

众所周知，在人类历史长河中美国只是个年轻的国家，但是自二战后一直是世界上最发达的国家。美国发达的原因可能有多种，但是它开放的多元文化和所倡导的自由经济精神发挥了关键的作用。虽然战后以来美国一直试图以其自身的经济和军事优势在全球范围内来推销其文化和民主价值观，但是它并没有明显排斥其他文化和民主价值观。正是这种兼容并蓄的人文精神和全球化的视野，使其能够长期成为世界上仅有的超级大国。

目前国内一种流行的观点认为，美国在世界上的霸主地位不久将会被某些新兴的市场经济大国所取代。但实际上，由于各种先天的优势以及美国人根深蒂固的全球化基因和极致的创业创新精神，至少在相当长的一段时间内美国是很难被其他国家超越的。

第五节　挑战与机遇

一、世界各国面临的挑战

（一）挑战之一：各国在世界新的国际分工体系中如何定位

现代科技发展不仅极大地提升了世界生产力水平，而且也深刻地改变了世界生产力的结构和布局。特别是随着世界信息化和网络化技术（如互联网、物联网和大数据等技术）的发展，新型的产业形态和新的市场运作模式将不断出现，传统经济模式终将被新经济模式所取代。在这种情况下，旧有的世界分工格局和模式已不再适应世界经济发展的新形势，世界各国在原有的世界市场中的地位和优势也将随之发生巨大的变化。因此，世界各国必须在新的国际分工体系中重新定位，以充分发挥自己的比较优势。

实际上，一国的比较优势会随着世界科技的发展、产业结构的变迁和世界市场格局的变动而发生变化。对于一个特定的国家来说，因为不同部门的技术创新速度是不同的，技术创新快的部门的劳动生产率提高显著，因而比较优势也会更突出。例如，相对于工业部门，农业部门的技术进步速度总是较慢，所以其比较优势在逐步下降，这就是世界各国对农业进行保护的重要原因之一。

从世界整体来说，各个国家的技术创新速度也存在着差异。发达国家由于其人才、知识和技术存量相对较大，所以总体上技术创新速度要高于发展中国家。此外，世界市场需求强劲和规模较大的领域，其技术创新能力一般也会相对更强。因此，随着世界科技的发展，世界各国的劳动生产率及由其所决定的比较优势也在发生相应的变化。在科技进步速度较慢的背景下，各国比较优势的动态变化不是很明显。但是在科技创新步伐越来越快的现阶段，这种动态比较优势已经成为各国正确确定自己在新的世界分工体系中的角色和地位的基本依据。

（二）挑战之二：如何正确地处理技术溢出效应问题

技术和知识是一种特殊的商品，它很容易被别人通过模仿和学习而无偿地占有。这种具有外部性特征的溢出效应，很容易成为各国进行保护或补贴的理由。特别是发达国家，它们的诸多产业（如信息产业、微电子产业、生物技术产业、空间技术产业和新能源产业等）都属于高新技术产业，而这些产业活动的核心是生产知识，所以为了有效地保护知识产权，发达国家往往会对其高新技术产品出口施加各种限制，这显然违背了资本全球化规律。

随着全球化发展，技术溢出效应问题不仅会困扰发达国家，同样也会困扰发展中国家。因为知识产权保护涉及世界所有国家，只不过现阶段发达国家的知识产权保护的矛盾更加突出而已。实际上，20 世纪 90 年代以来随着新兴市场经济国家的经济和科技的日益发展，它们在国际交易中所涉及的知识产权纠纷案件也在逐渐增加。因此，如何有效地保护知识产权，已经成为所有国家必须正视和共同解决的问题。

目前国际社会已经签订了知识产权保护协议，但是在具体实施上还存在值得进一步商榷和改进的地方。问题的焦点在于，发达国家和发展中国家如何合理分享世界科技进步所带来的利益。由于发达国家在世界市场上所取得的利润中有很大一部分属于超额垄断利润，这部分利润理应属于发展中国家，所以发达国家有义务帮助发展中国家发展科技和教育。同时，发展中国家应加强同发达国家的合作，合理利用发达国家的知识和技术来发展经济。

（三）挑战之三：如何适应资本全球化发展

当今的全球化是在保持国家主权不变的前提下的资本的全球化，但是一国的资本和政治与主权又是存在内在联系的，很难将它们完全分开。特别是在一些市场自由化程度不高的国家，资本更多地会受到政治和体制的制约。即使是在美国这样的市场自由化程度很高的国家，它也会竭力通过主权国家的力量来维持其资本在世界市场上的垄断优势地位，而这正是导致世界贸易和投资冲突不断的主要原因。可见，要想真正实现资本全球化发展，世界各国必须让渡部分政治与主权利益。

实际上，在现代市场经济条件下，即使是在国内，政府的作用也主要局限于公共领域和宏观调控，而不会直接干预市场。同样，各国也不应该随意利用国家主权力量来干预世界市场，而是要让国际价值规律来发挥作用。各国所要做的事情是，共同创造一个竞争性的世界市场，以便让各国资本在世界市场上进行充分竞争。

一个现实的问题是，现阶段一个有效的世界市场仍然没有形成。但是这不应该成为各国保护本国资本的借口，各国只有让渡部分政治与主权利益，才能够为资本全球化创造一个良好的环境。而资本全球化所带来的世界福利水平的提高，将会惠及世界各国。

（四）挑战之四：如何分享全球化所带来的利益

虽然全球化有利于增强世界市场的竞争性、提高资源配置效率和改善整个世界福利水平，但是不同国家所获得的实际利益是存在差异的。至少在现阶段，由于发达国家在世界市场中居于优势地位，所以它们所获得的实际利益相对更多。相反，发展中国家由于经济和技术落后，综合竞争能力较弱，所以它们在世界市场竞争中总是处于不利地位，所获得的利益也十分有限，以至于它们对全球化持消极态度。可见，如何合理分享全球化所带来的利益，是发达国家与发展中国家之间需要协商处理的一个基本矛盾之一。

对于世界各国来说，在如何合理分享全球化所带来的利益方面，关键是要处理好效率与公平的矛盾，这一点和国内市场经济发展是类似的。实现资本全球化的基本目标是为了通过世界市场竞争来提高资本配置和利用效率，以便改善世界福利水平，这一点是毋庸置疑的。但是，在世界市场上明显占有优势的发达国家可以通过无偿的技术援助等方式来帮助发展中国家发展经济，以实现公平发展，这是发达国家的责任。

第二次世界大战以来，在美国等发达国家的援助下，许多原先十分落后的国家逐步发展起来。诸如亚洲"四小龙"和"四小虎"等新兴市场经济国家，不仅已经完全摆脱了贫穷落后的面貌，而且已经成为世界市场上的一股新兴的力量，在某些方面已经能够和发达国家平等分享利益。可见，资本全球化最终能够使所有的国家获益。

（五）挑战之五：如何保障国家安全

全球化可能带来的另一个矛盾是导致不同社会阶层的收益差距扩大。例如，对于资本输出国家来说，资本所有者将获利，而劳动力所有者的福利状况将会恶化；而资本输入国家出现了相反的结果，劳动力所有者的福利状况将得到改善，同时资本所有者的福利状况将会恶化。国际贸易也会产生类似的不同利益阶层的利益再分配结果。由于全球化会导致利益分配的不均等，所以有可能会引起福利状况恶化的社会阶层的反抗和斗争。

随着世界信息和智能科技创新步伐的加快，原先许多由人所做的工作将逐步被智能机器人所替代。在这种情况下，劳动力失业加剧的矛盾不可避免，由此可能会引发各种暴力犯罪和恐怖主义抬头。虽然这种现象本身与全球化并不存在必然的联系，但是由全球化所导致的世界科技创新步伐的加快，造成了一些人无法适应这种新的形势，从而引发了一系列直接的或间接的暴力冲突。近些年来一些国家民众的排外势力抬头，世界各地暴力和恐怖事件不断，与全球化和世界科技与经济形势迅速发展不无关系。

为了有效应对这种挑战，世界各国首先必须联合起来，建立一个完善的全球安全保障体制。其次是加强教育以帮助广大的劳动者适应世界经济和科技转型，在全球化发展中发挥新的作用和改善自己的福利状况，而不是成为全球化的牺牲者。

（六）挑战之六：如何加强国际政策合作

不像国内市场有统一的制度、法律和政策，世界市场更多地具有自组织属性。但是由于世界市场纷繁复杂，所以仅仅依靠市场自身行为难以实现有序、高效竞争。布雷顿森林体系代表了国际政策合作的最高境界，在此期间世界经济获得了巨大的发展，是继国际金本位制后人类经济发展史上的又一个黄金时期。

1973年布雷顿森林体系崩溃后，世界进入了以浮动汇率制为主体的多元化的汇率体制时代。由于此前的国际政策合作体制已不复存在，所以世界经济陷入了混乱的状态，这也是导致全球化停滞不前的重要原因之一。实际上，1973年布雷顿森林体系崩溃后不久，各国就已经认识到重新加强国际政策合作的重要性，但是重新回到布雷顿森林体系已不可能，而采取其他形式的替代办法美国又不积极，所以直到现在仍拿不出一个可行有效的对策。

国际政策合作包括双边合作、多边合作和全球合作多个层次。目前的国际政策合作主要体现在双边合作和多边合作层次，对于缓解布雷顿森林体系崩溃后的混乱局面发挥了十分重要的作用。但是随着全球化的深入发展，加强全球政策合作已日益重要。如何加强国际政策合作，是考验各国政治家智慧的一个重要课题。

二、可能的机遇

（一）机遇之一：世界市场效率将得到显著提高

战后以来跨国公司得到了迅速的发展，这与全球化是密不可分的。而跨国公司的发展既带有一定的垄断性，又具有很强的竞争性，正是这种垄断竞争的世界市场极大地提高了市场效率。

按照经济学理论，完全竞争的市场效率最高，然而现实中完全竞争的市场条件几乎是不可能得到满足的，所以现实中不同形式的垄断竞争市场更为常见。在全球化的早期阶段，由于世界市场被少数跨国公司所垄断，所以世界市场的垄断性很高而竞争性不足。20世纪90年代以来，随着各国的不断对外开放和全球化发展，大量的跨国公司不断涌现，于是一个竞争性很强的世界性垄断竞争市场产生了。

　　以跨国公司为主体的垄断竞争性世界市场的优势在于，世界市场的竞争性确保了任何一个跨国公司都不可能独自定价而忽视其他企业的存在，这就保证了市场价格不可能偏离均衡价格太远而显著降低市场效率。同时，适度的垄断性又为跨国公司提供了一定的垄断利润，使其有能力大力开展新产品研发和进行技术革新。实践证明，战后以来世界科技创新中的很大一部分都是由跨国公司来完成的。可以预见，随着全球化进程的不断加快，大量的新型跨国公司将不断涌现，从而导致世界市场的垄断程度逐渐下降，而竞争性却日益增强，在推动世界市场效率不断提高的同时，也会加快世界科技进步的步伐。

（二）机遇之二：资本边际效率将大为改善

　　世界市场格局的改变和全球化发展，将极大地拓展资本全球配置的空间。资本过剩与资本边际效率较低的国家可以将自己的资本输出到资本短缺的国家，这样就会改善资本的边际效率。与此同时，它还会提升资本短缺国家的闲置资本的效率，因为外国资本的输入使得原先投资不足的本国暂时闲置资本得以利用。可见，资本全球化的直接效益和间接效益都是很大的。

　　资本全球化发展的另一个重要作用是它可以增强落后国家市场的竞争性，有利于激发落后国家市场的活力，从总体上提高落后国家资本利用的效率。以中国为例，实行改革开放以来中国经济之所以能够得到快速发展，外资本身的直接作用是一方面，更重要的是外资的引进推动了国内市场的快速发展和经济制度的变迁，这就从根本上改善了资本使用的效率。

即使是资本边际效率很高的国家，也能够在资本全球化中获益。前面的分析中已经提及，随着世界科技的迅速发展，动态比较优势对一个国家的作用越来越重要。因此，即使是发达国家也必须通过资本全球化来寻找更有利的投资场所，以降低机会成本和获取比较利益。战后以来美国之所以能够一直保持其世界老大地位，与其多元化的、灵活的自由市场体制密不可分，正是由于它能够灵活适应世界市场的变化，所以才能够拥有必要的生产效率和比较优势，这是值得中国等发展中国家学习的。

（三）机遇之三：生产的专业化与规模化水平上升

古典经济学的鼻祖亚当·斯密和大卫·李嘉图早已论证，分工和专业化生产能够极大地提高劳动生产率。但是一国的国内市场空间毕竟是有限的，特别是一些小国，它们的国内市场规模更是狭小，这就限制了企业的专业化和规模化生产。对于大型的跨国公司，即使是像美国和中国这样的大国，仍然不能够满足它们对市场规模的需要。然而，全球化可以极大地拓展一国的市场空间，从而为企业的专业化和规模化生产创造条件。

从跨国公司发展的现状看，几乎所有的跨国公司的生产和经营活动都已经涉及全球各个角落，它们的生产的专业化和规模化水平也已经到了空前的高度。而这种高度的生产的专业化和规模化水平，又是确保它们在竞争日趋激烈的世界市场上立于不败之地的最主要法宝。

从另一个角度看，世界生产的专业化和规模化水平的日益提高，也是国际分工与协作不断广化和深化的重要标志。目前发达国家这方面的优势在不断增强。对于发展中国家来说，如何适应这一发展趋势对于在未来世界市场格局中能否取得有利地位至关重要。

（四）机遇之四：世界整体福利水平提高

资本全球化的最直接利益来自于它能够提高世界整体福利水平，而整体福利水平的改善则会造福每一个国家。按照经济学理论，在一个竞争性的市场环境下每一个要素都会按照其边际生产力贡献来获得其边际收益，不存在任何剥削或不合理的分配现象。虽然完全竞争性市场在现实中是不存在的，但是在发达的全球化阶段，以跨国公司为主体的世界市场竞争程度已经非常接近于完全竞争状态，而显著的市场垄断力几乎很难存在。即使是发达国家也难以获得超额垄断利润，长期保持更不可能。显然，这将有利于提高发展中国家的福利水平。

即使是在全球化水平还不高的现阶段，虽然发达国家利用其垄断优势在世界经济发展中获得了更多的利益，但是世界整体福利水平的提高至少不会损害发展中国家的利益。从全球化发展的实践看，随着全球化发展，尽管不同国家的经济和福利的相对水平有增有减，但是无论是发达国家还是发展中国家，它们的总体经济和福利水平都得到了大幅度的提高。少数外向型经济成功的新兴市场经济国家的经济和福利增长幅度甚至超过了发达国家。因此，总体上看，全球化对世界各国都是有利的，全球化越发达各国获得的利益也将越多，这是市场经济规律作用的必然结果。

（五）机遇之五：世界的趋同性增强

世界市场是多元化的和多层次的，世界市场上的供给和需求也是多样化的。全球化在保持这种多元化和多样化的同时，也通过广泛的国际交流和相互影响而在某些方面实现趋同。在经济方面，世界各国都围绕着世界市场来展开竞争，所以经济上的相似相容现象就有可能出现。一些原来国内没有需求的产品，为了供应世界市场而大量生产。也有一些在国内没有得到满足的产品需求，通过从国外进口产品而得以实现。因为广泛地参与世界市场交易，所以使得各国的供给和需求结构得以趋同。

全球化也会在一定程度上改变不同国家的偏好和习惯。因为在国际交流中，原先在封闭条件下的某些不良偏好和习惯在国际大环境下得以暴露，同时国外的一些更合理的偏好和习惯也在影响和改变着生产和消费者，最终更文明合理的社会偏好和习惯在全世界广泛形成。实际上，偏好的多样性和相似性是相对的，相似性是为了满足人们的共性需求，而多样性则是为了满足人们的个性需求，两者具有相辅相成的作用。

全球化冲突的最主要方面是文化价值观的冲突。而文化价值观的冲突除了受到各国的政治和主权影响外，根源还是在于人们的保守行为。这种保守行为又受两个方面的因素影响：其一是传统文化的长期影响，从而造成了人们潜意识的想当然；其二是人们自我保护的本能行为，就像胎儿刚出生时的哭闹行为一样，胎儿脱离母体意味着美好新生活的开始，但是由于习惯于在母体内安逸的生活，所以一开始并不习惯于外面的大千世界，需要一段时间的适应。全球化过渡期世界各国之间的文化价值观冲突问题之所以日益突出，其根本原因即在于此。不过随着全球化的发展，人们将会逐步接受和适应全球化所带来的便利和益处，并最终会成为全球化的积极参与者。

第二章　后全球化过渡期世界市场的新特征：区域化与多元化

第一节　后全球化过渡期区域共同市场会得到强化吗

一、区域共同市场的形成是有限国际分工与协作的必然结果

市场所反映的是一种交换关系，而交换的内容、范围和深度则取决于社会分工与协作，而国际分工与协作不过是一国的国内社会分工与协作向国外的延伸和国际化。然而，无论是国内还是国际分工与交换都是由当时的生产力水平所决定的，生产力的发展水平决定了社会分工与交换的广度和深度。

人类真正的大规模的国际分工与交换开始于西欧资本主义工业革命完成后。工业革命不仅极大地提高了社会生产力和促进了社会分工与协作，而且也为国际交换提供了必要的市场条件及其他基础性条件，比如航海运输和国际汇兑等。但是限于当时的条件，那时的国际分工与交换主要发生于欧洲地区，这也是最早的区域性的世界市场的雏形。

第二次世界大战后，世界生产力出现了空前的发展，这时的国际分工与交换也越来越发达，几乎所有的国家都已积极参与到国际分工

与交换中去，试图在国际分工与交换体系中占有一席之地。照理说，二战以后特别是 20 世纪 80 年代以后，早期限制世界市场发展的诸多不利因素早已不复存在，国际分工与交换完全有条件突破地域限制而走向全球一体化。然而时至今日，一个发达的一体化的世界市场仍然没有形成，世界市场更多地体现于各个分割的区域性共同市场。

造成上述现象的根源在于，有限的国际分工与协作阻碍了全球一体化的世界市场的形成。那么又是什么原因导致了有限的国际分工与协作呢？首要的因素无疑与世界生产力密切相关。二战以后虽然世界生产力日益发达，但是主要集中于发达国家，而发展中国家只取得了有限的发展。世界生产力发展的不均衡，必然会导致落后国家难以充分参与国际分工和世界市场竞争，这就促进了由地缘和发展水平相近的国家组成的区域性市场的产生和发展。战后著名的"南南合作"，就是一个典型的例子。

造成世界有限的国际分工与协作的另一个因素是主权国家力量的干扰和阻碍。战后相当长的一段时间，以苏联为首的社会主义阵营和以美国为首的资本主义阵营长期处于"冷战"的对抗状态，这种政治和意识形态的对抗导致了各自阵营的国家之间几乎相互隔绝，国际分工与交换更多地发生在各自阵营内部的国家之间。因此，在这段时期全球化实际上已经停止，直到 20 世纪 80 年代"冷战"结束，全球化进程才得以重新开启。

20 世纪 90 年代以来，虽然全球化浪潮再起，但是上述两个消极因素并没有被完全消除。尽管发达国家和发展中国家之间的差距正在缩小，但是世界生产力分布不均衡的现象依然存在，世界大部分财富主要由发达国家所掌握和控制。少数极端落后的国家与发达国家之间的差距不但没有缩小反而扩大了，即使是发展中国家之间的差距也没有完全缩小，这就阻碍了全球一体化市场的发展。

主权国家力量对一体化世界市场发展的消极影响也依然存在。在新的世界经济形势下，美国、欧盟和日本等发达国家和地区更关注国内经济的发展，它们对区域共同市场的发展似乎更关心，而无心推动全球化发展。少数发达国家不但不去积极推动全球化发展，反而对别的国家参与国际经济和政治事务采取遏制的态度。此外，中东和阿拉伯国家的局部战争和频繁出现的恐怖事件，也阻碍了全球化进程。

但是总体来看，现阶段的全球化进程仍处于盘整期，同时全球化的积极因素仍在不断累积，全球化的大趋势和大格局依然没有改变，局部的或阶段性的加速态势仍有可能出现。不过，随着信息技术和全球网络化发展，全球化发展的进程无疑将会加快。

二、后全球化过渡期需要区域共同市场

后全球化仅是全球化的一个过渡时期。与到真正的全球化时期世界市场完全一体化不同，在后全球化时期世界市场是多元化的和分割的，从市场形态上看，表现为不同的区域共同市场的作用显著，以满足相应区域国家的国际分工和交换的现实需要。

在后全球化时期之所以需要各类不同的区域共同市场，首先是为了适应世界经济的区域化发展现状的需要。尽管自二战结束以来世界各国都在积极地推进全球化，但是时至今日全球一体化发展还仅仅是一个十分遥远的愿景。非洲国家、南美洲国家和亚洲国家，在市场开放上都主要还是以本地区的市场为主，因为它们的地理位置相近，经济结构、消费偏好和文化习俗等方面具有相似相容性。许多新兴的市场经济国家，它们的竞争优势可能在本地区的市场上相对更突出。

实际上，即使是像日本和中国这样的世界经济大国，除了继续加强同美国的贸易、投资和金融交易外，对本地区的市场也都十分重视，它们对周边国家的双边和多边贸易和投资增长迅速，在国际贸易和投资中的比重在不断地上升。这一方面是为了防范美国经济发生变化或美国的贸易保护主义势力抬头可能带来的不利影响，另一方面也是为了降低国际交易成本，因为本区域内贸易和投资不仅会减少运输成本，也会因为文化和习俗的相似性以及边境相连而降低谈判沟通和执行的成本。

欧盟成员国大多是发达国家，它们之所以建立欧洲区域共同市场，主要是为了弥补因自身疆域狭小和资源禀赋有限而导致的内在的产业和经济体系不完全的缺陷。欧洲区域共同市场的建立使得劳动和其他经济要素可以在更大的范围内自由流动，不仅极大地提高了欧盟内部的专业化分工和协作水平，也显著地提高了资源利用效率。欧盟国家对外采取一致的政策，可以有效地保护自身的经济利益。实践证明，欧洲区域共同市场的静态效应和动态效应都是十分显著的，它已经成为世界区域共同市场发展成功的典范。

　　由美国、加拿大和墨西哥组成的北美区域共同市场（北美自由贸易区）相对较为特殊，因为它的组成成员都是大国，各自的资源禀赋条件都较好。尤其是美国，不仅地域辽阔、资源丰富，而且是世界头号经济和军事强国。它们之所以要建立区域性市场，除了要充分发挥比较优势和实现优势互补外，更重要的一点是它们地域相连、共同的边界线长，一国的安全对其他国家的影响较大。特别是相对于美国，墨西哥较为落后，所以美国和墨西哥边境的越境事件和跨境贩毒与暴力事件频发，极大地影响了美国人民的生活和国家安全。北美自由贸易区的建立无疑将有助于改善这种状况。

　　综上所述，区域共同市场是为了适应后全球化时期这个特殊阶段的世界生产力发展的需要而产生和发展起来的，它是对全球一体化市场的暂时性替代。随着世界生产力的高度发展和国际分工体系的日益完善，区域共同市场的历史使命终将完成，届时必然将被高度一体化的世界市场所替代。

三、区域共同市场地位的上升是时代的进步

　　对于区域共同市场，人们有不同的认识和评价。一种观点认为，

区域共同市场的出现是全球化的一种倒退，因为至少它在短期内阻碍了资源配置空间的进一步扩大；而另一种观点则认为，区域共同市场是全球化的一个必经阶段，它是与现阶段还不十分发达的世界生产力和国际分工体系相适应的，它的发展将有助于高度发达的一体化的世界市场的最终形成。

其实这两种看法都有一定的道理。前一种看法的依据是建立在完善的世界市场经济条件下的。显然，如果世界范围内的市场竞争的条件完全具备，区域共同市场的出现就是多余的，同时它也严重地违背了国际价值规律。一个明显的例子是，外汇市场的全球化程度越高，其有效性也越强，而全球一体化的外汇市场已经基本形成。此外，离岸金融市场也已突破了地域限制而成为真正的全球化市场。由此推理，区域共同市场不应该再存在。

为了更好地解释上述问题，这里首先需要对资本市场、商品市场和直接投资市场等概念和范畴进行区分。一般来说，由于资本市场是典型的无形市场，所以除了在宏观资本管制方面具有显著的国家或区域特征外，实际的交易过程完全可以超越国家或区域形态。比如，任何一个国家的具备上市资格的任何企业，都可以到纽约或伦敦等世界任何一个证券市场进行融资。在这种情况下，再谈论区域共同资本市场显得毫无意义。但是，商品市场和直接投资市场不仅涉及价值交换，更多地涉及国际分工体系和各国的产业与经济安全，所以必然会受到国家主权的不同程度的保护，于是国内或区域共同市场的割据状态便出现了。

相对于全球一体化市场，区域共同市场显得效率不足。但是，如果与封闭的国内市场相比，它取得了很大的进步。特别是有些区域共同市场涉及的国家众多，至少在一定的世界范围内竞争性程度已经大大加强。例如欧洲区域共同市场，它几乎囊括了整个欧洲地区，而在如此大的范围内进行竞争，使得内部市场效率已经很高。如果说还存在不足的话，欧盟的一些贸易和投资保护政策多少降低了欧盟市场效率。

也有一些区域共同市场属于较为松散的联盟，带有很大程度的开放性，实际上它并非是一个严格意义上的区域共同市场。目前大多数区域共同市场都属于此类。这类区域共同市场的优点在于，由于它们并没有像欧盟那样实行严格的一体化的政策，所以不仅内部竞争性很强，而且一致对外的保护主义力度也有限。

还有一个有趣的现象是，一些实力很强的世界经济大国很乐于推动区域共同市场的发展，目的是希望在本区域内保持一定程度的领导地位。但同时，它们的商业与经济目标又不局限于本区域。这种脚踏两只船的现象，对区域内极端落后的国家可能不利，却有利于全球化发展。

可见，区域共同市场的发展不过是全球一体化市场发展的一个暂时的过渡阶段。总体上看，它是世界市场和经济发展进步的表现，对于推动全球化发展具有历史进步意义。

第二节　区域共同市场能给相关国家带来福音吗

一、区域共同市场将成为本地区国家竞争的理想舞台

区域共同市场是为了适应本地区国家的贸易、投资和金融发展的需要而产生的，所以它一开始就具有"乡土气息"，因而更适宜于本地区国家的参与和交流。

首先，它是得到本地区相关成员认可的市场。一般区域共同市场的产生起初是由个别国家提出和少数国家参加的，经过一段时间的试运行和相关国家的不懈努力，成员逐渐增多，最终成为了本区域大家认可的市场。

其次，一般来说毗邻的国家之间在经济、社会和文化等方面具有一定的相似性，这也在很大程度上减少了成员国之间的相互排斥和不相容的现象。比如，北美自由贸易区、澳新联盟和海湾阿拉伯国家合作委员会等区域共同市场，它们的成员国之间不仅地域相连，而且在民族信仰、语言文化、生活习俗等诸多方面都存在着相似性，这就为它们成立区域共同市场创造了良好的条件。实践证明，这些区域共同市场运作良好，已经对相关成员国的市场和经济发展发挥了积极的作用。

再次，一些发展中国家因为经济较为落后，难以同发达国家或域外的新兴市场经济国家进行竞争，在这种情况下建立区域内的市场联盟就显得十分必要。如东南亚国家联盟、南亚区域合作联盟、阿拉伯

合作委员会、阿拉伯马格里布联盟、中美洲自由贸易区、南锥体共同市场、西非国家经济共同体和南部非洲发展共同体等，它们分别主要是由本区域内发展中国家协商建立的。由于各成员国在经济、社会和政治等方面面临着共同需要解决的问题，所以这样的区域共同市场更能满足成员国的对外贸易和投资的需要。

最后，也有一些区域共同市场实际上属于非功能型的虚体组织，它们的存在主要是为了弥补宏观战略发展的需要。如亚太经合组织、上海合作组织和独联体经济联盟等，虽然也是为了成员的经济目的，但是它们主要是就一些重大的区域和国际问题进行磋商，而且往往很难达成实质性的政策合作，更多的体现为国际磋商的一种形式和机制。亚太经合组织由于包含的成员过于庞大和复杂，所以对域内国家的具体的国际经济与贸易交流的作用有限。上海合作组织更多地关注域内国家的国际政治与安全，严格地说它并不是区域共同市场。独联体经济联盟是为了应对苏联解体后的复杂局势而成立的一个松散的政治与经济联盟，但是现在看来它已经空有其名，远没有达到区域共同市场的要求。

从上面的分析可以看出，在现阶段国际分工体系尚不发达的时代大背景下，通过区域共同市场的发展来实现对外交流和合作，是许多国家的一个可行的选择。对于发达国家来说，它们可以通过建立区域共同市场来更好地发挥主导地位和自己的比较优势，并有效地帮助和带动其伙伴国更好、更快地发展。对于发展中国家来说，它们可以充分利用区域共同市场来实现外向型发展，由此来提高自己的综合创新能力，推动制度变革，激发国内市场的活力和效率，激发国内市场的潜能。一旦实现经济起飞，发展中国家就可以根据自己的比较优势来在全球市场上广泛地展开竞争。新兴市场经济国家的外向型经济发展实践证明，这种循序渐进的对外开放思路和战略是十分正确的，是一条有效可行的全球化之路。

二、区域共同市场有利于增强域内国家的多边合作关系

相对于双边合作，多边合作的国际化和全球化程度更高。然而，通常情况下多边合作困难重重。参加多边合作的国家越多，对各个国家以及世界市场与经济发展越有利，但同时合作的难度也会增大。因此，从实际情况来看，参加多边合作的国家数量一般较少，而且大多是一些经济贸易关系较为密切的伙伴国。

多边合作涉及的另一个难题是，实质性内容范围较窄，往往在一些重要的国际贸易和投资领域达成某种协议，难以实现持续的全面合作。特别是某些多边合作协议是在特定的历史阶段为了实现特定的国际经济和政治目标而签订的，一旦国际经济和政治形势发生了变化，原先的多边合作关系就会逐渐弱化甚至解体。二战以后，多边国际经济合作关系的发展势头一度较好，但是许多早期形成的各种经济合作关系大多已经解体，或以新的形式被加以改造。其中，区域共同市场便成为了它们最好的替代和归宿。

　　相对于多边合作，区域共同市场以市场为纽带和载体，按照市场竞争和价值规律这个最基本的经济运作机制来调节资源配置和激发经济活力，所有的国家都能够依据自己的比较优势，在这个区域市场大舞台上进行公平竞争。它不像多边合作那样，更多地需要借助于国家主权的力量和通过粗浅的人际关系来得以建立和维持。因此，区域共同市场不过是一国的国内市场向外的延伸和延续，它不但没有改变经济的市场属性，反而增强了各国的市场和经济活动的空间，使所有参与国都能够从中受益。当然，区域共同市场的形成和有效运作，也需要相关国家的共同支持和维护。

　　首先是要为构建一个统一的区域市场体系创造条件。虽然区域共同市场是在各国的国内市场基础上形成的，但是它并不是各个国内市场的简单拼接，这就要求各个国家以开放的姿态为区域共同市场创造必要的软硬件条件，以保障区域共同市场的正常运作。特别是区域共同市场交易涉及国际贸易和投资以及相关的通关、保险与运输等问题，所以需要相关国家采取相应的贸易和投资便利化措施。此外，还需要涉及国际融资和资本跨国流动等国际金融问题，也要求相关国家制订和实施相关的便利化措施。

　　其次是要正确地处理好市场开放和国家主权与政治作用的适度弱化的矛盾。至少在现阶段，国家主权与政治因素是制约国际化和全球化发展的最大障碍，甚至连美国这样的发达国家也多少存在这样的问题，发展中国家在这方面的矛盾则更加突出。相对于全球一体化市场，区域共同市场在这方面的问题相对简单一些，但是它仍然是所有矛盾中最为突出的。对于区域成员国来说，最大的问题在于往往容易将国家主权与政治问题经济化，许多简单的国际经济问题也因此变得复杂化，这是当前区域成员国必须正视和解决的关键问题。

当然，由于历史和客观现实的原因，区域内各成员国的综合竞争力差异往往较大，很容易造成强势国家对区域市场的垄断。这首先需要各成员国家之间共同制订和实施相关的市场规则来调节区域市场，保障区域共同市场的有序和高效运作。在此基础上，通过强势国家的主权和政治力量来帮助弱势国家培育市场竞争力。在短期内强势国家可能会有一定的付出，但是从长期看有利于改善区域共同市场的有效性和提高区域内所有成员国的经济效率。

三、区域共同市场有利于稳定世界市场秩序

二战后布雷顿森林体系的建立，对于维护世界市场秩序和促进世界经济发展发挥了十分重要的作用。布雷顿森林体系崩溃后，世界金融和经济一度陷入了混乱不堪的状态，以至于有些国家试图想恢复到布雷顿森林体系时代。但是严酷的现实表明，至少在很长的一段时期内，世界市场与经济秩序要想出现类似于布雷顿森林体系时代那样的相对稳定的状态是十分困难的。原因在于，布雷顿森林体系是由美国主导实现的，而美国是当时世界上绝无仅有的世界头号经济和军事强国，美元币值坚挺，等同于黄金，因而是受到世界各国普遍追捧的世

界性货币。

但是布雷顿森林体系崩溃以来，世界上很难再出现像当时的美国那样独一无二的超级强国。相反，随着欧盟的建立和许多新兴市场经济国家的兴起，明显的多极化趋势出现。在这种情况下，美国不愿也无力完全担负起领导全世界的责任，其他任何国家更无能力承担这个责任。因此，布雷顿森林体系崩溃后，许多国家（特别是一些贫穷落后的国家）一时感到无所适从，虽然大多数弱小的国家依然得到美国的帮助和支持，但是从整体上看世界市场和经济的无序状态十分明显，一个新的世界市场秩序急需建立。在这种形势下，20世纪70年代后各种区域性的经济贸易区或经济合作联盟大量出现，并最终向区域共同市场发展。

区域共同市场的建立和发展至少有利于稳定和繁荣区域内国家的市场和经济。特别是对于一些小国，区域共同市场有利于它们扩大资源和市场空间，对于推动国内市场和经济发展作用很大。显然，区域共同市场既有利于推动区域市场和经济发展，又有利于改善本地区的市场和经济秩序，改变了相关国家之间无序的恶性竞争，避免了贸易战和汇率战等非理性的状况的产生。其实，这也是区域共同市场建立的初衷和主要目标之一。

目前最为成功的区域共同市场是欧洲联盟的区域一体化市场，它真正实现了市场、要素流动和对外政策的完全融合。欧元区还实现了货币一体化，极大地减少了货币兑换成本和汇率变化的风险。自欧盟成立以来，区域经济出现了很大的发展，各成员国也都从中获得了不少利益。尽管欧盟区域市场在运行中矛盾频发，但是总体效果还是十分显著的。其他的一些区域共同市场虽然没有欧盟的组织化程度高，但是它们都是在适应本区域发展的实际情况的基础上产生和发展的，对促进和稳定本区域的市场和经济发展多少发挥了一定的积极作用。

当然，区域共同市场的产生和发展在促进和稳定本区域市场和经济发展的同时，也可能会加剧不同区域之间的竞争。实际上，欧盟的成立虽然主要是为了促进本区域市场和经济发展与繁荣，但同时也是为了更好地同美国、日本等经济强国展开竞争和争夺世界市场、经济和科技发展的主导权。欧元的产生一定程度上也是为了与美元和日元在世界市场上一决高低。其实早有人预言美元、欧元和日元将成为三足鼎立的世界货币。但是总体来看，区域共同市场的产生和发展在稳定和繁荣世界市场和经济发展方面的利大于弊。根本的原因在于，区域共同市场作为一个利益集团，其市场的理性行为至少不会低于单个国家市场。再者，区域共同市场的产生和发展并没有否定其成员国开展其他形式的国际合作。比如，许多发展中国家在积极地参加本区域的市场和经济联盟的同时，也在积极地同美国开展经济、贸易投资和金融合作。也就是说，世界经济已经进入了多渠道的合作态势，区域共同市场不过是其中的一种形式而已。从这个意义上说，区域共同市场不仅在现阶段有利于稳定世界市场秩序，而且即使是在未来全球一体化市场形成时期也具有一定的特殊地位，只不过其功能和作用形式发生了变化。

第三节　区域共同市场会加剧垄断还是竞争

一、对内自由与对外保护的内在特性

区域共同市场的基本特性是对内实行自由贸易，而对外则实行保护贸易政策。具体的自由或贸易保护程度，依不同的区域共同市场而定。当前来说，欧盟内部成员国之间的自由竞争程度很高，同时对外贸易保护程度也很高，因为它对外实行统一的政策。而其他的一些相对松散的区域共同市场，则内部自由与外部保护程度不等。

（一）区域共同市场的内部自由化

区域共同市场成立的基本目标是实行内部自由贸易。成员国之间的自由贸易，一方面是为了解决各个成员国（特别是小国）资源不足和市场狭小的矛盾，以便在更广阔的范围内实现合理的国际分工和协作，从而更好地发挥各成员国的比较优势；另一方面，是为了推动各国的制度和技术创新，加快产业和经济结构优化与升级的步伐，激发经济活力和提高经济效率。这些好处是国内市场难以获得的。

相对于全球共同市场，区域共同市场内部的自由贸易似乎更容易实现。首先，一般组成区域共同市场的成员国之间具有地域相近、经济结构相近、偏好与风俗习惯相似等共同的特性，这就决定了它们之间既具有较强的互补性，又具有一定的竞争性，所以很容易形成一个相对稳定的经济和贸易集团。例如，早有人提出应建立亚洲区域共同市场，但是一直进展不顺。不过，在亚洲之内的东盟（东南亚国家联盟）区域共同市场却运作得很好，在推动域内国家的市场与经济合作和成员国的社会经济发展方面发挥了十分重要的作用。

其次，目前业已形成的诸多区域共同市场大体上可以被划分为弱-弱联合型、强-弱联合型和强-强联合型三种类型。其中，弱-弱联合型区域共同市场居多。弱-弱联合型区域共同市场的最大优点在于，其成员国大多落后且综合实力相差不大，具有极强的相似相容性。这样的区域共同市场减少了个别国家取得垄断和支配地位的可能性，所以市场的效率较高。强-强联合型区域共同市场虽然数量不多，但是它的内部竞争程度和市场效率极高，国际影响巨大，以欧盟区域共同市场最为典型。强-弱联合型区域共同市场居于前两者之间，它的形成具有特定的环境条件。以北美自由贸易区为例，墨西哥虽然在诸多方面都难以同美国展开竞争，但是在美国的帮助和带动下，通过互惠贸易和投资安排，墨西哥的市场和经济会逐渐发达起来。

从区域共同市场运行的效率看，一般来说组成区域共同市场的成员国越多，其运作的效率越低。这可能与区域共同市场的自由贸易和投资机制难以发挥作用有关。因为成员国越多，成员国之间的差异性越大，在这种情况下市场的垄断现象自然也会增多，这就降低了区域共同市场的竞争程度，最终可能导致某些处于不利地位的成员国消极地对待甚至退出区域共同市场。可见，适度规模的区域共同市场是保证自由竞争和自由贸易与投资的必要条件之一，至少在世界生产力和国际分工体系发展的一定阶段这是必要条件。

当然，目前除了欧盟区域共同市场内部的自由贸易和投资真正实现外，其他大多数的区域共同市场内部的自由贸易和投资水平还有限。从成员国的实际行动看，它们只是有保留地参与区域共同市场，这是由主权国家的局限性所决定的。

（二）区域共同市场的对外贸易壁垒

区域共同市场虽然在内部实行自由贸易和竞争，但是为了捍卫成员国的经济和贸易利益，往往会采取对内部成员国的保护贸易政策，而对集团外国家构筑不同形式的贸易壁垒。区域共同市场这种内外有别的贸易和投资政策，在短期内显然可以为不同的成员国创造一定程度的贸易转移效应。

实际上，区域共同市场的建立在客观上形成了一个垄断利益集团，所以必然会降低世界整体福利水平，但是垄断利益集团本身却可以获取超额垄断利润。一般来说，这个垄断利益集团的组织化程度越高，垄断性就越强，由此给成员国所带来的超额垄断利益也会越多，但是会导致更多的世界整体福利损失。不过，在世界市场和经济秩序十分混乱的时期，区域共同市场利益集团所奉行的"一致对外"准则有利于稳定世界市场和经济。

对于大多数落后的国家来说，它们组成区域共同市场主要还是为了培育和发展本国的市场和经济。因为这类国家的技术水平落后、产业结构失衡、工业体系不完善，所以根本无法同发达的国家进行竞争。在这种情况下，这些市场和经济水平发育程度类似的国家之间组成区域共同市场集团，主要还是为了扶持幼稚产业和奠定现代工业基础。在这一时期，区域共同市场成员国实施一致对外的贸易保护政策是十分必要的。

当然，如果仅仅是从市场和经济效率方面看，无论是发展中国家还是发达国家，实施对外贸易保护政策都是十分不明智的，因为它违背了交换的比较优势原则。但是通过一段时期的贸易保护，可以为区域集团成员国提供必要的过渡和转型时间，这是难以从市场和经济效率方面来进行解释的。实际上，一些极端落后的国家还不具备一个成熟的市场竞争主体的条件，无法完全适应市场竞争规律。所以必须逐步培育它们的内在的参与市场竞争的知识和技能。在这种情况下，国情类似的不发达国家通过建立弱-弱联合型区域共同市场来扶持和培育市场与经济发展，可以起到事半功倍的效果。

必须指出的是，区域共同市场的对外贸易壁垒包括关税壁垒和非关税壁垒两个方面。由于世界各国都在积极地削减关税，所以关税壁垒的效应在逐渐减少，而这是最容易造成国际贸易摩擦的方面。非关税壁垒虽然适应的范围较广，但是不确定性较多，诸如绿色壁垒、知识产权壁垒和社会责任壁垒等必须针对特定的对象，所以它们的系统性危害相对较小。此外，随着世界各国的国内市场和经济的日益发达，区域共同市场的对外贸易壁垒的作用将不断下降，甚至有可能成为某些国家对外竞争的羁绊，这时一体化的全球市场自然形成了。

二、世界市场由国家竞争演变为区域集团竞争

区域共同市场对内自由、对外保护的目的，是希望借助成员国的集体力量来显示它们在世界市场上的地位和作用，以打破某些强势国家或区域集团的超垄断地位。这是单一国家（特别是弱小的国家）所无法做到的。与此同时，这也带来了另一个问题，那就是形成区域共同市场的利益集团之间的竞赛与竞争。这种新的世界市场竞争现象，既有利也有弊。

从有利方面来说，它在一定程度上降低了世界市场的超额垄断现象。二战以后，世界市场与经济一直被少数发达国家所支配和垄断，众多的发展中国家大多成为了少数发达国家的原材料供应地和资本输出地，大部分的世界经济利益也归发达国家所有，发展中国家所获利益甚少，一直处于被动的地位。20世纪80年代以来，虽然新兴市场经济国家的经济获得了巨大的发展，但是仍然难以独自在世界市场上同发达国家进行竞争。区域利益集团的形成和发展极大地改变了世界市场的不平衡现象。

以欧盟为例，它的经济与科技实力已经能和美国相匹敌，欧盟的科技联盟战略解决了许多单一国家难以实施的重大科研问题。因此，在欧盟成立初期的一段时间内，世界经济初步形成了美国、日本和欧盟三足鼎立的态势。20世纪90年代以来，随着诸多的新兴的区域经

济集团的崛起，美国、日本和欧盟三足鼎立的局势已大为改观，世界市场和经济严重失衡的格局也逐步得到改变。这些与区域共同市场及其利益集团的兴起不无关系。

然而，区域共同市场及其利益集团的形成也会带来诸多弊端。区域共同市场及其利益集团的行为显然违背了世界多边贸易体制与规则，有些区域共同市场及其利益集团实际上就是为了摆脱世界贸易组织（WTO）的约束而产生的。从这个意义上讲，区域共同市场及其利益集团的形成是一种历史的倒退。最大的问题还在于，某些区域共同市场及其利益集团，为了保护自身的集团利益，往往会设置过多的贸易和投资壁垒，以减少同区域外国家或集团的经济交流与合作。这样就会阻碍不同区域共同市场之间的竞争与合作，从而导致世界市场的严重分割而不是竞争。

另一个潜在的弊端是，随着区域共同市场及其利益集团组织化程度的不断提高及其综合竞争力的日益增强，诸多势均力敌的区域共同市场及其利益集团之间的竞争也会越来越惨烈，而过度的竞争有可能会造成两败俱伤，甚至会引发不同利益集团之间的战争。历史上就曾发生过寡头之间的战争，现阶段虽然人类文明程度已经得到极大的提高，但是这种可能性也不能完全排除。

问题的关键在于，世界各国如何正确地处理好资本国际化与全球化同国家主权与政治适度让渡之间的关系。首先，生产力决定生产关系，生产关系是为生产力服务的，这在世界经济发展中仍然适用。所以，各国必须以"资本主义"来作为一切活动的准则，在全球化的世界大背景下国家主权与政治主要是为了服务于"资本全球化及其价值增值"。其次，一国的发展是建立在其比较优势的基础之上的，而只有通过国际市场竞争才能够充分发挥其比较优势，国家才能够获得真正的发展，仅仅依靠国家主权与政治来维持国家的发展是不可能长久的。

三、区域共同市场并非是对跨国公司的替代

当今世界市场与经济的主角是跨国公司，无论是全球一体化市场还是区域共同市场与国内市场，都是跨国公司的活动场所和竞争舞台。区域共同市场及其利益集团的产生主要是为了培育和发展本区域的跨国公司，而不是为了替代跨国公司的作用。

空客公司是目前世界上最有影响的两大飞机制造企业之一。与美国的波音公司不同的是，空客公司是在欧盟的支持和帮助下逐步成长壮大起来的。实际上，对于欧洲的任何一个国家来说，由于国家较小和财力有限，都难以独立扶持空客公司的发展。欧盟（包括其前身欧共体）成立后，运用欧盟集体的力量来资助空客公司的发展，最终使空客公司成长为能与波音公司进行竞争的大型跨国公司。可见，区域共同市场及其利益集团之间的竞争，最终还是体现在它们各自所拥有的跨国财团的竞争力上。

从新兴市场经济国家发展的成功经验看，无论是实行出口导向还

是进口替代战略，成功的关键是在一定的保护期内培养和造就一大批具有国际竞争力的跨国企业，而不是扶持幼稚产业和完善国内市场体系。与此类似，区域共同市场产生和发展的根本目的也是为了扶持和培育一大批具有国际竞争力的跨国企业。如果偏离这个目标，无论是采取什么战略，最终都不可能使国家的经济强大起来。

从区域共同市场发展的实践可以看出，一般由发达国家参与或主导的区域共同市场的作用效果都较好，因为它们的工作重心落在如何培育和造就具有国际竞争力的跨国企业上，而不是简单的从宏观上推动科技与体制创新和完善市场体系。相反，一些由落后国家所组成的区域共同市场的作用效果并不显著，一个可能的原因是它们将工作的重点放在宏观管理和结构调整上，虽然这也是必要的，但是由于始终缺乏有国际竞争力的跨国企业，所以难以真正地推动市场和经济持续发展。原因很简单，因为在现代商品经济条件下企业是经济运行的细胞，唯有企业健壮和强大，整个经济才会有动力和活力。因此，一切的制度安排和政策设计都应该围绕着塑造和培育企业成长来展开，这才是经济发展之道。

一般地说，区域共同市场的发展和跨国公司的发展是并行不悖的。然而，当前制约发展中国家发展的一个主要矛盾是，它们并不能够正确地处理好两者之间的关系。实际上，如果能够将区域共同市场作为扶持和培育本地区有潜力的跨国公司的基地和场所，那么区域共同市场及其利益集团的作用就能够真正地得到发挥。

第四节 欧洲区域一体化市场具有普适性吗

一、欧洲区域一体化市场的产生和发展

欧洲区域一体化最早起源于 20 世纪 40 年代末英国前首相丘吉尔所提议建立的"欧洲合众国"。后来，经过《巴黎条约》（1951 年）和《罗马条约》（1957 年签署并于 1993 年生效）等一系列协议的签署与生效，欧洲共同体于 1967 年正式成立，1993 年更名为"欧洲联盟"（简称"欧盟"）。[①]同时，成员国的数量也从最初的 6 个逐步扩展到现在的 28 个（截至 2016 年 8 月）。[②]

欧洲区域一体化市场是从最初的欧洲煤钢共同体（20 世纪 50 年代初期），到后来的欧洲共同体（20 世纪 60 年代后期），再到现阶段的欧洲联盟（20 世纪 90 年代初以来），逐步发展和完善起来的。前后共经历了六十余年的时间。它是目前世界上最成熟和最发达的区域性共同市场，已成为世界区域共同市场发展的成功典范。

欧洲区域一体化市场产生的初衷是为了克服北欧单一国家内部市场狭小的矛盾。最初的合作领域主要是在商品贸易和能源资源方面，

---

① 窦祥胜. 国际金融学教程. 北京：经济科学出版社，2007：441-447.

② 最初的 6 个成员国分别是法国、前联邦德国、意大利、荷兰、比利时和卢森堡，后来逐步发展到 28 个成员国。截止 2016 年 8 月，欧盟成员国仍为 28 个，分别是法国、德国、意大利、荷兰、比利时、卢森堡、丹麦、爱尔兰、英国、希腊、西班牙、葡萄牙、奥地利、芬兰、瑞典、波兰、捷克、匈牙利、斯洛伐克、斯洛文尼亚、塞浦路斯、马耳他、拉脱维亚、立陶宛、爱沙尼亚、保加利亚、罗马尼亚和克罗地亚。其中，法国、德国、意大利、荷兰、比利时和卢森堡 6 国是创始成员国。但是，2016 年 6 月 23 日英国通过公民投票决定脱离欧盟，目前正在办理相关脱欧手续，估计两三年后正式退出欧盟。

后来逐步发展到劳动力和要素市场，直至单一的欧元货币的产生。合作的范围也从最初的经济领域（如内部自由贸易、统一关税和统一货币政策等）扩展到政治和军事领域。实际上，现阶段欧洲联盟已经成为一个紧密型的超国家的经济、政治、军事和外交联合体。实践证明，它极大地推动了欧盟各成员国的发展，对世界经济、政治和军事发展也产生了巨大的影响。

二、欧洲区域一体化市场的可取之处

（一）统一的市场

欧盟统一市场的建立最早起源于 1986 年 2 月欧共体 12 国外长签署的著名的《单一欧洲法案》，该法案规定在 1992 年底以前实现建立一个商品、人员、劳务和资本完全自由流动的欧共体内部统一大市场的目标，1986 年 7 月经欧共体 12 国议会批准该法案正式生效。

与一般的区域市场不同的是，欧盟统一大市场实现了商品和要素（包括劳动力和资本）完全的自由流动。在这种情况下，不仅真正地扩大了各国的资源配置和市场交换的空间，而且有利于在欧盟范围内推动更有效的国际分工体系的形成。

实际上，欧盟统一市场建立的必要性在于，欧盟成员国都是些国土面积较小和资源有限的小国，它们难以像大国那样独立地建立完整的工业和市场体系，国内的社会分工与专业化生产水平受到狭小的国内市场需求的制约而难以提高。而欧盟统一的大市场较好地解决了这个矛盾，它使得欧盟各国能够按照各自的比较优势进行分工和专业化生产与交换，最终使得各国都能从中受益。

欧盟统一大市场的最大优势还在于，它不仅实现了商品和资本的自由流动，更重要的是实现了劳动力的自由流动。欧盟各国的劳动者可以在各成员国自由进行就业和生活，而不受国别的限制。这不仅提高了劳动力市场的有效性，而且相对于国内就业，它更能够充分发挥劳动者的才能。

（二）统一的货币

20 世纪 50 年代末和 60 年代初美元危机的日益加深，导致了西欧各国货币的不稳定。为了应对美元危机和国际货币市场动荡的影响，欧共体各国开始逐渐加强货币政策的协调与合作，并将实现单一的货币联盟提到了议事日程。

1969 年 12 月欧共体国家在荷兰海牙举行首脑会议决定筹建欧洲经济与货币联盟。为了推行货币联盟，其于 1972 年开始采取了在欧共体内部实行可调整的中心汇率制、建立欧洲货币合作基金和建立欧洲记账单位等准备工作。1995 年 12 月，欧盟成员国首脑在马德里举行会议讨论各国货币向单一货币过渡的具体步骤，并制定出了一份详尽的、操作性强的启动欧元的时间表。1996 年 12 月，欧盟首脑在爱尔兰首都都柏林举行会议，确立了欧洲单一货币机制的基本框架。1991 年 1 月 1 日欧元按时启动，欧元区成员国包括法国、德国、意大利、西班牙、比利时、荷兰、卢森堡、葡萄牙、奥地利、芬兰、爱尔兰和希腊等 12 个国家。[①]

欧元作为欧元区 12 国的共同货币的开启，具有划时代的意义。首先，统一的货币意味着统一的中央银行和统一的货币政策，这样就真正实现了自由主义学者们所倡导的单一货币规则。而这一规则会施加更强的金融纪律，降低通货膨胀倾向，从而有利于推动经济可持续发展。其次，统一的货币完全消除了汇率风险和节省了不必要的货币兑换成本，这无疑有利于促进欧元区成员国之间的自由贸易和投资，提高整体福利水平。

（三）统一的对外政策

欧盟不仅在经济方面实行一体化政策，而且在外交、防务和社会政策等方面也都实行一体化政策。在经济方面，欧盟实行统一的对外贸易和投资政策，所以形成了强大的贸易壁垒。这种贸易保护政策虽然恶化了世界整体福利水平，但是至少在短期内保护了其成员国的利益。此外，欧盟实行统一的对外贸易和投资政策，也降低了单个成员国实施的政治成本和摩擦成本。

欧盟实行共同的外交和安全防务政策，不仅形成了单一国家难以具备的强大的对外军事防务能力，从而保障了国家的安全与稳定，而且显著地降低了各国的外交、军事和防务成本。尤其是在国际关系方面，欧盟已经成为国际政治舞台上一支重要的政治力量。

---

① 窦祥胜. 国际金融学教程. 北京: 经济科学出版社，2007: 441-447.

从实践上看，欧盟的统一对外政策已经发挥了积极的作用。最突出的是欧盟的农业和环境政策，目前欧盟在粮食安全、环境保护和可持续发展等方面已经做出了突出的贡献，成为了世界的典范。这些都是与欧盟集体的智慧和力量分不开的。

三、欧洲区域一体化市场的内在缺陷

（一）内在缺陷之一：贸易创造效应和贸易转移效应比较的不确定性

贸易创造效应来自于区域共同市场成立之后的成员国之间的自由贸易，区域共同市场内部各成员国能够依据比较优势进行专业化分工与生产和交换。相对于国内的分工与交换，它极大地提高了各国的社会福利水平。原先越是落后的国家，参与区域共同市场后社会福利水平提高的越多。如果原先已经实行了对外开放和自由贸易政策，那么参加区域共同市场前后的社会福利水平不再可能出现显著的变化。

贸易转移效应则来自于区域共同市场对内实行自由贸易、对外实行保护贸易后所导致的成员国将原先从区域共同市场外非成员国的低成本生产的产品进口，转向内部成员国高成本生产的产品进口。显然，这种从外部贸易转向内部贸易的交换结果，恶化了世界整体的社会福利效果，因为它严重地违背了比较优势原则，没有使国际资源实现最优配置。

区域市场的净效应取决于贸易创造效应和贸易转移效应的比较。

然而，欧洲区域一体化市场所创造的净效应既可能是正的，也可能是零或负的，这取决于各国在参与一体化市场前后对外开放和贸易自由化程度的比较。实际上，诸如英国这样的高度开放发达的成员国，参加欧盟前后的贸易创造效应和贸易转移效应都是有限的，不过劳动力的自由流动可能会显著降低某些产业领域的生产成本。原先对欧盟外贸易量较小的成员国，由于欧洲区域一体化市场的形成而广泛地参与了区域内的国际分工与专业化生产，这时的贸易创造效应将远大于贸易转移效应。

（二）内在缺陷之二：成员国之间的差异性难以消除

为了建立统一的欧洲市场，《马斯特里赫特条约》为各成员国制定了五项经济趋同标准：

"（1）通货膨胀率不高于 3 个通货膨胀率最低成员国平均水平的1.5%；

（2）政府预算赤字不超过 GDP 的 3%；

（3）政府债务不超过 GDP 的 60%；

（4）汇率波动保持在汇率机制规定的范围内，至少在两年内没有对其他成员国货币贬值；

（5）长期利率不超过 3 个长期利率最低成员国平均水平的 2%。"

只有符合上述这些标准的成员国，才有资格加入欧盟。但是实际上，并非所有的成员国都能够完全符合上述标准。考虑到实际困难，欧盟最终不得不放宽部分标准，以使得更多的成员国能够加入。即使如此，加入欧元区的成员国仅有 12 国，大多数欧盟成员国没有加入欧元区。因此，最初所设想的欧洲联盟并没有完全实现。[①]

最大的问题还在于，随着欧盟社会经济的发展，欧盟各成员国发展的内在不一致性矛盾逐渐暴露，欧洲债务危机则使矛盾更加复杂化。德国、法国和英国是欧盟中最主要的三大成员国，但是英国一直不愿承担过多的责任，最终导致英国通过公投的形式脱离欧盟。其他成员国也出现了可能脱离欧盟的迹象，欧盟内部的离心现象凸现。可以预见，如果世界经济出现持续的衰退，欧盟各成员国的经济也将会恶化，这时国家利益至上的民族主义和民粹主义势力就会抬头，欧盟成员国之间的矛盾有可能会被激化，最终导致欧盟完全解体的可能性是存在的。

（三）内在缺陷之三：成员国的宏观经济政策作用效力减弱

财政政策和货币政策是两大基本的宏观经济政策。但是对于欧元区国家来说，由于实行了统一的货币和由欧洲中央银行制订统一的货币政策，所以成员国难以利用货币政策来调节本国的经济。在这种情况下，财政政策将是各成员国唯一可以运用的政策。然而，财政政策的作用效力将明显减弱。

首先，按照经济学原理，财政政策只有与货币政策合理搭配使用才能够充分发挥效力。否则，难以持久地发挥政策作用效力。但是由于货币政策由欧洲中央银行统一制订和使用，所以不一定和成员国所要求的形式相匹配。在这种情况下，财政政策就难以发挥作用，或者

---

① 窦祥胜.国际金融学教程. 北京: 经济科学出版社，2007：441-447.

政策效力大打折扣。

其次，成员国的财政政策的使用要受到欧盟总的政策框架的约束，这也使得财政政策的作用效力减弱。虽然欧盟的财政预算只占整个欧盟 GDP 的 1%多一点，但是欧盟对各成员国的财政政策作了明确的约束性规定，如财政政策只能是货币政策的辅助性手段、各成员国应削减政府赤字和降低政府债务率以保持物价稳定等。

按照各成员国最终达成的协议，赤字率被要求严格控制在 3%以内，而公共债务率作为参考指标被要求控制在 60%以内。由于欧盟预算仅有行政开支和农业开支，而社会保障、法律、公共安全和教育等方面的支出均由各成员国承担，所以各成员国的财政支出负担很重。这就导致了实际运行中的两难困境，如果严格控制赤字率和公共债务率，则可能会出现财政入不敷出的状况；而要兑现财政支出预算，则很可能会导致赤字率和公共债务率的扩大。可见，欧盟成员国的财政政策的自主性是有限的。

四、启示与反思

（一）启示与反思之一：区域经济合作与政治合作的关系如何协调

无论是欧盟还是其他区域经济合作组织，成立的根本目的是促进成员国的经济和贸易发展。但是，任何国家的经济发展都离不开国家主权与政治关系，如果不能同时正确地处理好国家之间的经济与政治关系，那么经济合作将难以达到预期的效果。

欧盟已经成为一个联系较为紧密的政府间组织，但是又远未形成一个超国家实体，各成员国的独立主权与政治属性依然保留着。表面上看这是一大进步，但实际上具有内在的矛盾性。比如，欧盟严格规定了各成员国的赤字率和公共债务率，但是并不负责成员国在社会保障、法律、公共安全和教育等方面的财政支出，一旦世界经济出现衰退或者个别国家出现特殊危机，有些成员国就难以实现这个承诺，就有可能引发全局性的危机。

欧洲债务危机就是一个极好的例子。欧洲债务危机表面上看是个别成员国政策失误所造成的，但实际上却是欧盟经济体系内在矛盾的必然反映。因为欧洲各个成员国虽然经济上的相似度高，但是无论如何在资源禀赋和经济结构上都不可能是整齐划一的，至少阶段性的动态差异总是存在的。如果经济处于经济周期低谷的坏的均衡点，那么增长最慢的成员国可能就会出现过度的或异常的应急反应。欧洲债务危机可能就是其中的一种结局。尽管欧洲债务危机已经初步得到解决，欧盟的经济逐渐得到恢复，但是未来出现其他形式的危机的可能性仍然是存在的。这是由经济上完全合作而政治上有限合作内在矛盾性作用的必然结果，值得深思。

（二）启示与反思之二：如何体现各国的差异性

欧盟成员国具有诸多共性，但是彼此间的差异性也是存在的。这就涉及如何最大限度地发扬共性，同时又尽可能地尊重各成员国个性的复杂问题。这就是各种区域经济合作组织面临的基本难题。

欧盟的成立总体上对各成员国都有利，这是确凿无疑的。但是欧盟的成立必然会打破各成员国的内部产业和市场结构，资本和劳动阶层以及各阶层内部也会受到影响而发生变化，虽然各成员国的最艰难的适应期已经度过，但是内在的矛盾性难以彻底消除。更重要的是，随着经济和科技的发展，新的增长潜力不断地被发现。在这种情况下，各成员国必须面对既有的利益格局的变化。如果某些成员国受到的冲击过大，那么潜在的矛盾就会被激化，从而爆发危机。

问题的严重性在于，由于区域社会经济系统的复杂性，人们很难对未来的发展趋势做出准确的预测和防范，这就导致了区域经济组织内部成员国之间的摩擦不断。可见，区域社会经济系统的不稳定性来自于内部各成员国之间的内在差异性，而这种差异性是根本不可能完全消除的。这就决定了任何试图通过组织化方式来解决区域合作问题的做法都是存在风险的，而且组织化程度越高风险越大。由此看来，欧盟是否能够长期稳定存在和有效运行是很值得怀疑的。

（三）启示与反思之三：紧密的区域合作是进步还是倒退

欧盟目前是世界上最紧密的区域经济合作组织，从国际化和全球化进步的角度看，它无疑是人类发展史上的一大进步。但是如果从发展的效率的角度看，它仍然是值得怀疑的。首先，它没有充分发挥各成员国的比较优势。因为欧盟的对外贸易和投资的保护性很强，这就在一定程度上限制了各成员国的自主性的发挥。因此，对各成员国来说，欧盟的形成至多只能是一个次优的选择，而不可能实现最优。

其次，各成员国的权力和责任的不对称性，必然会从根本上制约成员国的经济发展。对于欧盟来说，其成员国的经济权利几乎全部让渡给欧盟组织，但是各成员国的社会责任依然重大，而承担社会责任的物质基础是经济，这就造成了权利和责任的不对称性。

不妨将欧盟和美国做一对比。美国是联邦制国家，联邦政府除了统一行使外交和军事权力外，经济和社会诸方面事务基本上都由各州和地方政府负责。但是美国有统一的社会保障法，联邦政府几乎在所有领域都有一定的统筹决策能力，所以美国本质上实行的是统一和分散相结合的灵活的体制。欧盟成员国在某些方面上看类似于美国的州政府的地位，但是无论是在统一性方面还是灵活性方面都不及美国。或者说，由于欧盟的超经济组织缺乏超国家组织的支持，所以存在内在的局限性。从某种程度上说，相对于稳定且有内在亲和力的国家组织，它可能是一种历史的倒退。

第五节　千姿百态的区域共同市场

一、紧密型区域共同市场

紧密型区域共同市场是共同市场的最高级形态，参与区域共同市场的成员国的国内市场之间已经完全接轨和一体化，几乎不存在任何形式的市场分割或壁垒现象。商品和要素在区域共同市场上的流通和交换，就像在国内市场上一样畅通无阻。

首先，成员国之间实现了贸易自由化。最基本的特征是区域共同市场形成之前的原先的成员国之间的贸易壁垒消失，商品和货物可以在成员国之间进行自由流通和交换。商品和货物的自由流通和交换将加剧各成员国之间的市场竞争，这将有利于促进成员国的生产力发展和新的国际分工与协作体系的产生。在新的国际分工与协作体系下，各国可以依据各自的比较优势来实行专业化生产和规模化经营，这样不仅提高了各国的生产效率和改善了各国的社会福利，而且所有成员国的生产效率和社会福利都将得到改善。因此，区域市场内成员国之间实行自由贸易，符合各成员国的共同利益。这也是紧密型区域共同市场形成的基本原因之一。从实践中看，即使是紧密型区域共同市场，成员国之间的贸易壁垒一定程度上也是存在的，但是总体上说与区域共同市场形成之前相比，这种贸易壁垒极大地被削弱，所以不可能存在普遍的市场垄断现象。

其次，成员国之间实行了广泛的政策合作。为了保障贸易自由化的有效和有序开展，区域共同市场内的各成员国之间一般需要在外贸、投资、融资和税收（关税）政策上开展广泛的合作，这是实现区域内市场一体化的必要条件。与国内市场不同，区域共同市场是一个跨国家的市场，所以涉及市场政策差异的问题，这就需要各成员国开展合作以消除阻碍跨国商品贸易的体制与政策因素。对于紧密型区域共同市场来说，阻碍跨成员国商品贸易的体制与政策因素基本上已完全被清除，各国市场已完全融入到区域共同市场，市场一体化程度很高。实际上，欧盟区域共同市场的成员国之间已经完全取消了关税和各种贸易管制，经济政策基本上实现了统一，除了有限的财政政策和货币政策外，各成员国几乎不再拥有制订和实施经济政策的权力。欧元区国家甚至丧失了发行货币和制订货币政策的权力。

再次，成员国之间实现了要素自由化。经济要素包括资本和劳动两个方面。一般来说，大多数的区域共同市场都允许各成员国之间自由开展直接投资，即允许成员国的企业到其他成员国开办企业和直接从事其他商务活动，几乎不设置任何障碍。但是对借贷资本的流动进行适当的管制，主要是防范热钱和投机资本的过度投机和泡沫经济的产生。不过总体来说，区域共同市场内部的借贷资本流动仍然是通畅的，只要是正常的商业活动基本上不受任何国家的不适当管制。劳动力的自由流动程度随不同的区域市场类型而存在差异。一般来说，在紧密型区域共同市场上，劳动力的自由流动化程度很高。最典型的是欧盟区域共同市场，欧盟成员国的劳动者可以到任何一个成员国进行工作和就业而不受限制，这为欧盟范围内的国际分工与协作体系的重构和优化提供了最重要的人力资源保障。实际上，劳动力的跨国自由流动和配置是区域经济合作的最高层次，它从根本上改变了区域经济发展的格局。当然，劳动力的自由流动也是区域经济合作必须跨越的最艰难一步，一般的区域经济合作也很难做到这一步。

最后，成员国之间实现了共同的对外政策。这是紧密型区域共同市场最重要的特征之一，而它是与区域内自由贸易相伴而生的。区域共同市场的各成员国通过签订协议对内实行自由贸易、对外实行贸易保护，不仅可以增强各成员国对外贸易保护的能力，而且还可以显著地降低各成员国的贸易保护成本。这方面欧盟区域共同市场做得很成功。由于欧盟的大多数成员国的经济体量都较小，所以对于单个的国家来说，它们各自的对外保护能力有限。欧盟成立后，欧盟对内取消关税、对外实行统一的关税政策，成立统一的独立机构共同应付和处理欧盟成员国和域外国家之间的各类倾销案件和其他贸易事件，对成员国实施必要的贸易救济，不仅有效地保护了各成员国的利益，而且极大地降低了贸易摩擦和处置成本。这是欧盟形成后所获得的最直接效益之一。实践证明，欧盟在这方面做得很成功。

二、半紧密型区域共同市场

相对于紧密型区域共同市场，半紧密型区域共同市场的成员国之间的合作主要发生在贸易和投资及其相关的政策方面，但是在要素(特别是劳动力)自由化和共同的对外政策方面则大多无所作为。同时，不同类型的半紧密型区域共同市场存在着较大差异。

南锥体共同市场是 20 世纪 90 年代初，由巴西、阿根廷、乌拉圭、委内瑞拉和巴拉圭等南美洲国家建立的区域共同市场，旨在促进贸易自由化和商品、资本、劳动在区域范围内的自由流通。从实际运行情况看，南锥体共同市场在推动区域内成员国家之间的自由贸易方面发挥了积极的作用，但是劳动力的自由流动还没有实现。此外，20世纪80年代拉美国家的债务危机以及此后阿根廷的多次金融与经济危机，导致了南锥体共同市场各成员国对资本管制一直相对较严。因此，至少现阶段看南锥体共同市场还没有形成一个一体化的区域共同市场。

加勒比共同体和共同市场成立于20世纪70年代初，主要成员包括巴巴多斯、圭亚那、特立尼达、多巴哥和牙买加等加勒比国家。其宗旨是促进本地区的经济合作，实现地区经济一体化。按照成立初期的设想，该共同体将协调成员国的外交政策，在文化教育、通讯和工业等领域进行全面的合作和提供服务。加勒比共同体和共同市场成立了以成员国政府首脑会议为主体的最高决策机构，并创立了常设工作机构和专门的部长级常设理事会（包括卫生、教育、劳工、外交、财政、农业、矿业、工业、运输、科技和旅游等）。但是由于国际政治因素的影响，该区域共同体的组成成员不够稳定，如海地和牙买加因海地政治危机而遭到停止成员资格。不过总体来说，该共同体的自由贸易得到了一定程度的发展，但在其他方面发展得还不理想。

中美洲共同市场成立于20世纪60年代初期，主要成员包括洪都拉斯、尼加拉瓜、萨尔瓦多、危地马拉和哥斯达黎加五国。由成员国经济部长组成的中美洲经济理事会是该组织最高权力机构，总负责成员国之间的经济协调与合作，执行理事会负责执行总条约的规定和经济理事会的决议。其宗旨是促进中美洲的经济一体化，包括逐步取消各成员国之间的关税和统一对外关税、实现区域贸易自由化以及建立自由贸易区和关税同盟等。中美洲共同市场成立以来，区域成员国之间的关税互免，大多数商品对外实行统一的关税。虽然由于国际政治的原因，中美洲共同市场发展的进程一度停滞甚至出现倒退，但是区域内成员国之间自由贸易程度仍然较高。20 世纪 80 年代以来，中美洲共同市场还以集体的力量加强了同欧盟、美国和世界其他国家或地区之间的交流与合作，极大地促进了本区域的经济发展。目前中美洲共同市场仍处于改革和发展之中，随着中美洲政治和经济局势的稳定，中美洲的经济一体化步伐会不断加快。

上面仅仅列举了几个有代表性的半紧密型区域共同市场。实际上，诸如南部非洲发展共同体、西非国家经济共同体、澳新自由贸易和东南亚国家联盟等其他的区域性经济合作组织，也都具有半紧密型区域共同市场的特征。

三、松散型区域共同市场

松散型区域共同市场具有一些独特的性质。

首先，它是一个包容性很强的开放的跨国家经济合作体。这个跨国家的经济合作体中的成员国并不局限于一个特定的区域，既可能来自本地区的国家，也可能来自其他地区的国家。同时，这样的组织对成员国的要求相对较低，只要愿意履行一定的职责或遵守约定的自由贸易规则，就可以随时加入或退出，不需要履行严格的手续。这一特点决定了，松散型区域共同市场具有极强的包容性，因而它的发展空间极大。

其次，参加松散型区域共同市场的成员国之间所达成的贸易协议或条件不带有较强的约束性，一般的贸易协议或条件都属于自愿性质的，这就使得各参加国有很大的自主性和灵活性。当然，没有强制性贸易协议或条件不代表成员国可以各行其是，如果某个成员国不自觉履行相关协议或义务，那么它也不能够享受相应的权利。事实上，松散型区域共同市场的形成是为了弥补单个或少数国家难以实现或难以低成本实现的国际贸易和投资活动，它的形成对各个成员国都是利好的。

最后，松散型区域共同市场属于最低层次的国际经济合作。它大多是以自由贸易区的形式出现的，也有少数在关税方面进行了某种形式的合作，甚至有一些纯属议事性质的组织而不从事具体的贸易和投资活动。从这个意义上讲，松散型区域共同市场并非是一个严格意义上的区域共同市场，而只是一个准区域共同市场。即使如此，松散型区域共同市场的产生和发展仍然是有实际意义的，因为它有利于增强成员国之间的联系与沟通，从而可以在一定程度上消除不必要的国际贸易和投资障碍，促进经济国际化和全球化发展。

以亚太经济合作组织为例。它只是一个具有经济合作官方论坛性质的松散的国际组织，其成员来主要自于亚洲和太平洋地区，致力于推动区域贸易与投资自由化和加强成员间的经济技术合作。虽然它只是一个官方论坛组织，但是在推动亚太地区内各成员之间的贸易、投资和经济技术合作以及推动金融稳定和改革等方面发挥了十分重要的作用。除了经济议题外，亚太经合组织还讨论人类安全（包括反恐、卫生和能源）、反腐败、备灾和文化合作等一些与经济相关的议题。可见，亚太经合组织在促进本地区经济发展和维护本地区稳定方面发挥了不可替代的作用。

从国际经济与贸易合作的实践看，以欧盟为代表的紧密型区域共同市场存在着内在的矛盾，随时有解体或削弱的可能。许多半紧密型的区域共同市场发展得并不理想，甚至不少已经是有名无实，根本没有发挥应有的作用。由于松散型区域共同市场具有较大的灵活性、开放性和松散型，所以在现阶段更具有生命力。再者，不同形式的松散型区域共同市场交织在一起，更有利于增强世界各国市场和经济的适应性。

第三章　后全球化过渡期人类面临的共同问题

第一节　世界人口问题

一、人口增长及其不平衡性

人口增长是人口自然增长率上升和社会生产力发展共同作用的结果。从人口自然增长率方面看，它又取决于人口的出生率和死亡率两个因素。而就人口的出生率来说，虽然其基础是女性的生育能力，但是家庭的生育愿望有时候起着决定性的作用。例如，相比发展中国家，发达国家的人口出生率在不断地下降，这主要是由人们的生育愿望下降所导致的。而人口的死亡率（尤其是新生儿死亡率）则主要取决于一国的医疗和营养健康水平，这就是贫穷国家的人口死亡率高于发达国家的主要原因。显然，即使是人口自然增长率本身也受到社会生产力发展水平的极大影响。可见，在人口增长中，社会生产力的发展起着决定性的作用。

在人类文明的早期，由于社会生产力的极端落后以及战争和各种自然灾害的影响，世界人口增长缓慢。然而，西方工业革命后，世界社会生产力水平的快速增长，促进了人口的增长。第二次世界大战导致了大量的人口死亡。二战结束后，随着世界生产力的恢复和快速发展，世界人口再次迅猛增长。特别是许多极端贫穷落后的发展中国家，战后的社会生产力得到了极大的发展，营养和医疗保健水平得到了显著的提高，人口进入了低死亡率和高增长率的阶段，所以导致了世界人口的迅猛增长，以至于引发了世界性的社会经济问题。

当前世界人口增长方面主要面临两个问题。首先是人口的过快增长。因为世界的自然资源总量是有限的，如果人口的过快增长超过了社会经济承载的能力，必然会加剧经济资源利用紧张的矛盾。特别是发展中国家，由于技术创新能力有限，经济的粗放型增长问题突出，人口的过快增长不仅加剧了资源紧张的矛盾，而且还会造成严重的环境污染，从而引发了一系列的社会矛盾。以非洲贫困国家为例，非洲贫困国家的人口增长率普遍相对较高，但是由于水资源等关键经济资源的短缺和不平衡分布，使得一些非洲贫困国家一直得不到很好的发展，导致了社会不稳定甚至战争频发，致使在世界文明进步的现阶段仍然有不少非洲人民生活在水深火热之中。

其次是世界人口增长不平衡的问题。二战以来世界人口增长的一个重要的趋势是人口增长及其分布的不平衡性。其基本特征是，发展中国家的经济相对落后，但是人口增长较快，少数国家已经超过了其资源和环境的承载能力；相反，发达国家的经济相对较发达，但是人口增长反而下降，甚至出现了负增长。这两种现象都对世界的社会经济发展不利，因为世界财富的增长是由劳动和资本共同创造的，两者缺一不可。从美国、日本和欧盟等发达国家及地区的现状看，虽然它们的技术发达、物质资源丰富，但是由于人力资源不足，导致经济发展难以持续强劲。从经济方面看，人口的不足不仅仅会导致劳动力短缺，还会造成总需求的下降，从而制约了社会经济发展。

与发达国家相反，贫穷落后的发展中国家却出现了人口增长过快的矛盾。人口过快增长以致超越了资源和环境的承载能力，必然会导致或加剧贫穷累积恶性循环的矛盾。非洲、南美洲和亚洲一些极端落后的国家长期以来得不到发展，与人口增长过快和资源日益短缺以至于陷入贫穷累积恶性循环陷阱不无关系。从世界整体看，问题的严重性还在于落后国家人口的过快增长，有可能会造成贫穷落后国家人口大量地向发达国家的无序迁移，引发了偷渡、难民潮等问题，严重地影响了世界的安全。

总之，当前世界正面临着全球人口过快增长，以及因发展中国家人口过快增长而发达国家人口增长不足，所导致的人口分布不平衡的双重矛盾的压力。如何有效地解决这两个矛盾，是摆在世界各国面前的重大难题。因为这两个矛盾不仅会困扰世界各国自身的发展和安全问题，也会影响整个世界的安全与稳定。从问题的性质看，它不仅仅是世界的经济问题，更重要的是世界的政治问题，国际社会必须正视并拿出诚意来解决这个重大问题。

二、发展中国家的贫困人口问题

贫困是全球化面临的主要问题之一，它既影响全球化进程，也影响社会经济的可持续发展，是当今人类共同面临的大敌。战后发展中国家的经济增长很快，但是贫困人口却没有因经济增长而显著减少，在不少地区反而有所增加。从贫困程度看，发展中国家有相当数量的人口难以维持最基本的生存条件，处于赤贫状态。还有一些人口虽然解决了基本的温饱问题，但是在人均寿命、卫生、教育和社会环境等方面仍处于较低的水平，实际上仍处于贫困状态。

发展中国家的贫困人口问题是多方面因素共同作用的结果。首先是自然资源和环境因素的制约。丰富的自然资源和良好的自然环境是一切社会经济活动的基础，然而世界不少地区却不具备这方面的条件。非洲国家就是一个典型的例子。许多非洲国家因为水资源严重匮乏，导致了沙漠化现象严重和农业生产条件恶劣，从而造成了当地人们的生存条件日趋恶化。在非洲的一些极端贫困地区粮食十分短缺，人们处于饥饿或半饥饿状态，恶劣的生存环境加上营养不良和医疗卫生落后导致了疾病丛生，人们的预期寿命大为缩短。在这些地区，人们的生存都成了问题，更不用说社会和文化教育发展了。

其次是经济基础落后。造成发展中国家经济基础落后的原因是多方面的，其中战争破坏是重要的原因之一。例如，在中部非洲和东非国家，因为种族矛盾、政权斗争、资源争夺和边界纠纷等原因，经常发生内战或国家之间的战争与冲突。战争与冲突不仅破坏了正常的社会经济发展秩序，而且使社会经济基础设施遭到了严重的破坏，致使社会经济一蹶不振。除了战争因素外，各国的经济政策失误也是重要的原因之一。比如，南美洲国家阿根廷多次发生经济与金融危机，主要是因为经济政策失误所造成的。阿根廷虽然实行了对外开放政策，但是它将所借外债大部分用于消费而不是用于生产和基础设施建设上，最终导致经济增长乏力，甚至发生了诸如 20 世纪 80 年代那样的国际债务危机。

　　再次是经济结构单一化。贫困落后国家的共同特点之一是以农业为经济基础，工业极端落后，经济结构单一化。而且越是落后的国家，这种单一的经济结构越明显。相对于工业部门，农业部门的剩余与积累能力有限，所以单一的农业经济结构很容易使一国陷入贫穷累积恶性循环。从新兴市场经济国家成功的经验看，诸如亚洲"四小龙"和"四小虎"等国家，在二战后由于实行开放式发展政策，通过引入外资和扶持本国产业发展，迅速实现了由原来单一的农业经济结构向工业化转变，最终使经济取得了飞跃式发展。与此相反，非洲、东亚、东南亚、南美洲和东欧的一些国家，由于长期以来工业化和城市化没有获得突破式发展，依然延续战后的以农业为主体的单一的经济结构，所以始终难以摆脱贫穷落后的面貌。

　　最后，人口过快增长也是导致发展中国家贫困化的重要原因之一。人口既是物质财富的创造者，也是资源和物质的最终消费者。然而，对于一个特定的国家来说，其资源禀赋是有限的，如果人口增长过快以至于超过了资源和环境的承载能力，那么社会经济发展最终将难以持续。一个有趣的现象是，越是落后的地区，人们的生育愿望越是强烈。这主要是因为大多数的落后地区主要是以农业生产为主，而农业生产则需要依靠大量的劳动力。于是，大量的人口和农业交织在一起，造成了贫穷累积恶性循环。这也就是为什么一国社会经济发展到一定阶段必须适时地推动工业化和城市化发展的原因。因为只有积极地推动工业化和城市化发展，才能够将大量的农业人口转移到城市和工业部门，以降低贫穷累积恶性循环的风险。同时，工业部门的技术进步快和劳动效率高，有利于加速社会财富积累。此外，工业化和城市化还有利于降低人们的生育意愿，解决人口过快增长的难题。

以上是从各个国家的国内因素方面进行分析的。实际上，除了各国内部的因素外，国际经济秩序不合理也是发展中国家人口贫困化的重要因素之一。发达国家依靠其发达的技术和资本，一方面从发展中国家攫取经济资源（如石油和矿产资源等）和进口初级产品来发展自己的经济；另一方面向发展中国家输出工业品和占领发展中国家的市场，并通过直接投资等方式来攫取超额垄断利润。发展中国家始终处于被动和被支配地位。长此以往，必然会导致发展中国家越来越落后。战后以来，广大的发展中国家一直在争取平等的权利，但是收效甚微。然而，在解决发展中国家的人口贫困问题方面，发达国家必须承担起应有的责任，对发展中国家提供必要的支持和帮助，以实现国际社会的和谐发展和共同繁荣。

三、人口老龄化问题

人口老龄化日益成为全球性的问题。人口老龄化主要是由人类的寿命延长和出生率下降两大因素共同导致的。由于社会经济的发展和医疗保健水平的提高,人类的预期寿命在不断地提高。据测算,20世纪末世界人口的平均预期寿命达到了66岁,比1950年的46岁足足延长了20年,且预计到2050年将可能再延长10年。[①]人类预期寿命的显著延长,必然会增加现有人口中的老年人口数量。同时,随着老年人口预期寿命的延长,出现了老年化人口的高龄化趋势。

与此同时,随着社会经济的发展,世界人口出生率出现了持续的下降。从世界各国人口出生率变化情况看,几乎所有的发达国家的人口出生率都出现了持续的下降,不少发达国家的人口出现了负增长,也有不少发展中国家(如中国等)的人口出生率在持续下降。同时,一些落后的发展中国家的人口出生率仍处于继续增长的态势,少数国家的人口出生率较高且在持续增长。但是总体来说,世界人口出生率呈现持续下降的趋势。主要是因为随着社会经济发展和女性文化程度的提高,女性的生育愿望在下降,而育儿成本的提高则进一步降低了女性的生育愿望。因此,未来世界人口出生率下降将是不可逆转的趋势。

以上两个因素共同导致了世界人口老龄化问题。人口老龄化会给社会经济发展带来诸多问题。首先,人口老龄化会直接导致劳动力短缺。因为在社会总人口中,老年化人口越多,适龄劳动力人口就会越

---

① 人口老龄化与人口政策. [2016-10-05]世界人口网. http://www.renkou.org.cn/problem/2016/6105.html.

少，所以会造成真正参加劳动的人口比例减少。目前发达国家就面临这一严峻的形势。最有代表性的是日本，日本已经进入老年化社会，就业人数在逐年下降，所以日本的劳动力短缺问题日益严峻。实际上，美国和欧盟等诸多发达国家都面临着由人口老龄化而导致的劳动力短缺问题。有些国家不得不大量吸收国外移民来解决本国劳动力短缺的问题。

其次，人口老龄化对社会保障体系带来了挑战。一方面，由于人口老龄化所带来的劳动力短缺必然会制约整个社会经济的发展；另一方面，因为人口老龄化会导致国家在老年人口的养老、医疗和长期照料等方面的支出，所以会加重国家的财政负担。对于发达国家来说，由于社会养老保障体系健全和发达，所以短期内不会出现严重的问题。但是对于发展中国家来说，由于整个社会保障体系尚未建立健全，人口老龄化的过早出现，将对整个社会经济发展产生严重的影响。以中国为例，目前整个社会保障体系尚处于改革和完善之中，由于早期所有的国家部门和机构的行政和企事业单位员工都无需缴纳养老保险费，所以实行由社会统筹养老后养老金缺口较大，必须由财政负担来解决。在这种情况下，老年人口增加可能会导致养老保险金缴费入不敷出。

最后，人口老龄化会给社会经济发展带来压力。人口老龄化虽然会催生相应的老年生活和服务产业的发展，但是一个国家的社会经济资源毕竟是有限的。特别是对于一些十分落后的发展中国家来说，本来整个社会经济发展的水平就不高，而能够用于支持老年生活和医疗健康事业发展的资源更是有限。如果人口老龄化比例过高或发展速度过快，很有可能会制约社会经济的发展，同时也会恶化老年人口的福利状况。实际上，现阶段大多数发展中国家还没有建立起完善的养老服务和医疗保障体系，老年生活服务和老年医疗与保健人才缺乏，老年事业及其相关的设施投入经费不足。随着人口老龄化的不断发展，这一矛盾将越来越突出。因此，人口老龄化将是世界各国必须关注的重大的全球性社会现实问题之一。

四、人类健康问题

现代经济和技术的发展，虽然极大地丰富了人们的物质和文化生活，但同时也给人类自身的健康和生存安全带来了挑战。

（一）生活便利化与健康

现代交通技术和交通工具的发展，给人们的出行带来了极大的便利。特别是生活在城市的人们，无论是驾驶私家车还是乘坐公共交通出行都极为方便，无需再像交通工具不发达的人类早期那样主要依靠双脚徒步行走。再加上工作时间的紧张和生活节奏的加快，人们的运动和锻炼的机会越来越少。长此以往，使得城市人群的体质和身体素质越来越差。实际上，现代城市中由于缺乏锻炼而导致的亚健康和患慢性病的人群数量的比例正在不断增高。

由于科技的发展，空调与暖气已经成为很常见的和必备的家庭生活设施。虽然它们在酷暑和严寒给人们带来了舒适的享受，但是也给人们的健康带来了隐患。在炎热的夏天人们长期吹空调可能会患上空调病，而在严寒的季节里人们长期待在屋内取暖则减少了吸收外面新鲜空气的机会，这些都会对身体产生不良的影响，严重的可能导致健康恶化。

上面所讲的是最常见的直接影响人们健康的方面，类似的一些因过度便利化和享受而给人们健康带来不良影响的例子还有很多。实际上，就中国现实的情况看，无论是城市还是农村，因生活过度便利化而导致的"富贵病"日益增多，对人们的健康已经构成了严重的威胁。因此，普及大众健康教育和推动全民体育运动已十分必要和迫切。

（二）食品安全与健康

食品污染已经成为危害人们健康的重要因素之一。食品污染来自于两个重要的方面，一方面是大量的农药、化肥、除草剂等无机化学物质的使用对食品品质的影响，特别是农药的大量使用或使用不当会导致食品中农药的残留，从而对人们的健康产生危害；另一方面是化工和染织等行业的发展对周围的环境产生污染，从而进一步对农产品造成污染，致使农产品中的重金属及其他有害物质的含量超标，这些农产品被人们食用后会对身体产生危害。目前中国的许多大城市的城郊农业受到城市工业以及城市生产和生活垃圾的污染很严重，不少地方生产的农产品中的重金属含量已经严重超标，对人们的身体健康已经造成了极大的危害。

除了食品污染外，现代人们食用速食的加工食品越来越多。然而，过多地食用加工食品不利于身体健康。油炸食品是最常见的加工食品之一，但是这类食品不仅含油量较高，而且经过高温油炸后还可能会导致致癌物质的增加，十分不利于人们的身体健康。膨化食品是另一类最常见的加工食品之一，由于该类食品必然要添加一定量的膨化剂以便使食品松软，所以长期食用也不利于人们的身体健康。实际上，无论是哪类经过加工的食品，为了延长保质期，都需要添加适量的抗氧化剂等食品添加剂。虽然食品添加剂是无毒无害的，但是长期大量的食用可能会对肾脏等器官直接产生不良的影响，或者加重肾脏等器官的负担，这些都会对人体造成一定的危害。

以上所说的是一般的情况。对于中国来说，还存在人为因素所造成的食品安全问题。现阶段中国的食品安全形势严峻，类似于地沟油、毒大米、毒生姜和假奶粉等食品安全事件层出不穷，防不胜防，这些纯属人为因素所造成的食品污染问题，已经成为影响人们的身体健康的最大公害之一。近些年来，虽然国家和地方政府花大力气治理这些食品安全事件，但是形势依然严峻，彻底解决这方面的问题可能还需要很长的时间。

（三）居住环境与健康

居住环境对人们的健康影响很大。特别是随着城市化发展和城市居住人口密度的日益增大，城市居民的居住环境的恶化及其对居民健康的影响越来越受到关注。城市居民的居住环境恶化的主要表现之一是室内空气污染问题严重。造成室内空气污染的首要原因是高层建筑越来越多和建筑密度越来越大，导致了室内空气流通不佳。特别是塔楼式建筑，由于建筑物的南北不通透，影响了室内空气的流通。即使是板楼式建筑，虽然建筑物的南北通透，但是住户由于担心室外空气的污染，所以不愿意开窗通风。尤其是在重度空气污染的城市，这一现象较为常见。此外，还存在炎热夏天和严寒冬天人们关窗闭户故意隔绝，不与外界通透的问题。造成室内空气污染的另一个主要原因是，人们为了追求奢华而对室内进行过度装修，或者使用劣质材料进行室内装修，或者购置大量的家具，造成室内甲醛等有害物质严重超标，这些都会对人们的身体健康造成危害。目前室内空气污染已经成为严重危害人们身体健康的主要元凶之一。

与居住环境密切相关的另一个问题是噪音污染。首先是由于社区的住宅密度较大和生活人口较多，人们日常生活中产生的各种噪音会对邻居产生相互干扰。其次是各种交通工具所产生的噪音对居民的影响，尤其是临近公路、铁路和飞机场的居住区的居民们受到的影响最大。与其他污染不同的是，噪音污染往往会被人们所忽视，但是实际上它对人们的身体和精神所产生的危害极大。有生物学家经过研究证实，城市中的许多鸟类已经开始绝迹，其原因主要是由于城市中的噪音导致了鸟类的狂躁不安和交流出现了困难。可见，噪音对生物界的危害是十分大的。人类虽然抵抗噪音的能力相对其他生物较强，但是所受到的危害却是不可忽视的。实际上，噪音不仅会直接刺激人们的神经，引起人们烦躁不安，而且还会影响人们的睡眠。这也可能是导致城市犯罪率较高的原因之一，所以值得城市规划和设计者们思考。

（四）疾病与健康

当今人类面临的另一大挑战是各种慢性病和传染病。虽然人类的医疗水平得到了极大的发展，人们的寿命得到了显著的延长，但是人们仍然会受到各种疾病的困扰。首先是各种慢性病对人们的影响。有些慢性病是由于生活和保健不当所造成的，而有些则是由于职业和劳累所造成的。特别是在发展中国家，由于劳动保护措施不完善，更容易受到粉尘、有害气体和有害物质等的侵袭而导致各种慢性病的发生。实际上，由于患有各种慢性病而导致的亚健康人口的比例较大，许多亚健康人群虽然没有性命之忧，但是生活质量不高。

传染病是对人类构成严重威胁的最值得关注的疾病。因为随着全球化的发展，人们的活动范围越来越大，这就使得传染病的传染范围越来越大，相应地它所造成的危害也越来越大。更为严重的是，由于自然生态环境的恶化，一些新的传染病产生的可能性也越来越大。但是，由于人们对这些新的疾病的认识有限，所以一旦爆发则可能对全人类造成灾难性的影响。实际上，即使是一些已经发现的传染病也难以得到彻底的根治，而诸如艾滋病等传染病仍然没有有效的治疗办法。可见，如何减轻和消除各种疾病对人类健康的影响，是未来人类社会始终必须密切关注的重大问题。

第二节 资源短缺与能源安全问题

一、资源的基础作用与资源短缺

土地、水、矿产和能源等自然资源是社会经济发展的物质基础，但是它们中的绝大部分不仅是稀缺的，也是不可再生的。因此，这些不可再生资源的耗竭或不足，始终是制约世界经济发展的主要因素。随着世界人口的增长和人类对资源利用强度的不断增高，资源短缺问题越来越突出，已经成为一个严重的全球性问题。

土地是人类赖以生存的基础资源。首先，农业发展和农产品生产需要大量的土地。然而，适宜于农业发展的全球土地资源不足地球陆地资源的五分之一，而且其中的一部分还被用于住房、工厂、道路和城市发展。不仅如此，由于水土流失和荒漠化等自然或人为的原因，全球可耕种的土地在不断地被侵蚀，耕地不足的问题日趋严重。其次，地球的森林植被覆盖面积在不断地减少。一方面，为了发展农业和增加农产品生产，土地严重不足的地区试图通过毁林造田的方式来增加耕地面积；另一方面，由于人们对木材需求量的大幅增加，森林砍伐速度越来越快，以至于一些堪称"地球之肺"的热带雨林大面积消失。地球上的森林植被是维护地球自然生态系统平衡的最关键要素，地球森林植被系统遭到破坏将会对自然环境和气候造成严重的影响，从而威胁到人类的生存和发展。

淡水资源短缺是制约人类社会经济发展的又一关键因素。地球上可供人类直接利用的淡水资源是有限的。然而，随着世界人口的增长，人类对淡水的需求量却迅速增加。因此，淡水资源短缺的矛盾越来越突出。从淡水资源供给方面看，虽然全球总的淡水资源量不小，但是由于淡水资源分布的不平衡，造成了类似于非洲和西亚等内陆国家或地区的淡水资源严重短缺，这是造成这些地区农业衰退和土地沙漠化的主要原因之一。与此同时，由于不合理的城市和工业发展等原因，某些城市和工业发达地区的水污染问题日益严重，导致实际可利用的淡水资源大量减少，尤其是发展中国家和落后国家或地区这方面的问题十分严重。再从淡水资源需求方面看，为了满足世界人口增长对粮食的需求，农业得到了极大的发展，导致了农业用水迅速增长；为了加快社会经济发展步伐，世界各国（尤其是发展中国家）都在积极地推动工业化和城市化发展，导致了对水需求的显著增长。可以预见，随着世界各国社会经济的发展，淡水资源短缺的矛盾将更加突出。

矿产资源是在地球的漫长岁月中逐步形成的。它不仅总的储备量有限，而且具有耗竭性和不可再生性的特点。然而，矿产资源是工业发展的基础，随着工业化的发展，人类对矿产资源的消耗将日益增大。因此，如何合理开发和有效利用各种矿产资源，将直接关系到人类的可持续发展问题。理论上说，地球中的矿产资源储量极为丰富，而且随着新的开采和利用技术的发展，许多潜在的矿产资源（包括海洋和深层地壳中的矿产资源）也将可以转变为实际可利用的资源。此外，随着航天技术的发展，人类还可以到其他星球上获取矿产资源。但是对于一个特定的国家或地区来说，至少在一定的时期内其矿产资源的可利用量是有限的，所以矿产资源短缺的矛盾将十分突出，这将严重制约一个国家或地区的社会经济发展。

现阶段人类的生产和生活所需要的能源主要来自于化石能源，如石油、煤炭和天然气等。然而，化石能源资源的储量是极其有限的，但是它的消耗却具有不可再生性。因此，随着人类对化石能源资源的不断使用和消费，化石能源资源将最终会被消耗殆尽。战后以来，世界的化石能源消费量迅速增长，局部的石油能源危机频发，甚至爆发了争夺石油的局部战争。这促使了世界各国加强对能源开发和利用的研究。一方面海洋石油和油气资源开发和利用不断增加，有效缓解了传统石油和煤气资源紧张的矛盾；另一方面，美国在页岩气开发和利用技术方面取得了巨大的突破，由于大规模使用页岩气，使得美国极大地减少了石油进口，从而显著地缓解了世界石油供应紧张的矛盾。可以预见，随着人类的能源资源开发和利用技术的不断创新，原先蕴藏在陆地和海洋中的大量的潜在的化石能源资源将会被很好地利用。尽管如此，由于化石能源资源的有限性和不可再生性，人类必须开辟和利用新的可再生能源资源，以便彻底解决世界能源安全问题。

二、结构性能源短缺

对于世界大多数国家来说，能源短缺或许已经成为社会经济发展的常态。但是对于大多数发展中国家来说，能源短缺的矛盾主要表现为结构性能源短缺。而造成结构性能源短缺问题的根源则是产业结构低级化和能源结构扭曲。前者与能源需求紧密地联系在一起，而后者则与能源供给直接相关。

对于不发达的国家来说，一方面产业总体发展水平相对较低，导致了能源利用效率不高和单位 GDP 的能耗强度较大；另一方面，在总体产业中高能耗产业占有的比重相对较大，使得大部分能源被使用于这类产业，加剧了能源短缺的矛盾。实际上，经济落后国家几乎所有产业都采取粗放式发展模式，能源利用效率极低，导致了能源的大量浪费。特别是在经济发展的初期，为了加速工业化进程，各国必然会大力推动诸如钢铁业和电解铝业等高耗能产业的发展。有些高能耗产业不仅能耗高，而且对环境的污染也很严重，所以还需要耗费大量的能源和资源用于环境治理。因此，相对于发达国家，落后国家的低级化的产业结构必然会消耗大量的能源，能源利用率低，大量的能源没有得到有效的利用而被白白的浪费，使得本来就有限的能源更加短缺，造成了能源供给远远满足不了能源需求。

能源供求不对称是造成能源供给短缺的又一重要原因。能源资源分布的不均衡，导致了特定区域的能源供给和需求的不对称的矛盾。以传统能源为例，一些地方的煤炭、石油和天然气等能源资源的储量十分丰富，但是这些地方的城市和工业不发达，对能源需求有限，所以出现了能源供给过剩的矛盾。与此同时，一些城市和工业发达地区的能源需求旺盛，但是煤炭、石油和天然气等能源资源的储量有限，甚至根本就没有这些天然的能源资源，所以能源短缺问题十分突出。理论上说，可以通过将能源资源搬运到需要的地区用于发电，或者通过架设电网来将电力运送到需要的地区。但是，对于落后的国家或地区来说，由于交通不发达和运输能力有限，难以有效地完成大规模的能源资源的运送任务。电网建设不足和落后不仅是因为缺乏资金，更重要的是缺乏技术和人才，制约了电力调度的能力。

发展中国家还面临着能源市场不发达的问题。在现代市场经济条件下，所有的经济资源都是通过市场来进行调节和分配的，能源资源当然也不例外。但是由于能源资源居于基础地位，它对社会经济发展具有决定性的影响，所以一些能源资源极度匮乏的国家并没有实现能源资源的市场化配置，而是在国家的干预下通过计划的方式来进行配置。由于国家难以准确地了解和掌握能源供给和需求的信息，所以往往会加剧能源供求不对称的矛盾。此外，由于能源资源受到国家的严格管制，而国家为了促进社会经济的发展往往会将能源价格限定在一个较低的水平上，因而难以充分发挥能源供给的潜力。在不少经济体制不健全的落后国家，能源等基础设施都由国家直接经营，因而经营动力不足、效率低下，远远不能够满足市场的需求。实际上，许多落后的发展中国家之所以会出现能源短缺的问题，是与其能源市场不发达密切相关的。

能源供给结构不合理也是导致结构性能源短缺的重要因素之一。现阶段绝大多数国家的能源供给主要依赖于煤炭、石油和天然气等传统的能源资源。由于传统能源利用的技术已经很成熟，所以经济成本相对较低。但是由于煤炭、石油和天然气等传统的能源资源的储量有限，所以随着不断的开采和使用将面临日益枯竭的危险。同时，传统化石能源的使用会产生大量的有害气体和温室气体，对自然环境的危害很大。因此综合来看，如果考虑到环境和对人类产生的危害等成本，传统的化石能源大量使用的成本是十分高昂的。与此不同，水力发电、风力发电、太阳能发电、地热能和海洋能等属于可再生能源，取之不尽、用之不竭。特别是风能和太阳能属于广泛分布的天然能源，至少在地球的绝大部分地区都有条件进行开发和利用，而且不会对自然环境产生破坏性影响。但是，这类新能源在总的能源开发和使用中所占的比例严重不足。如果这类能源能够得到充分的开发和利用，将极大地缓解人类能源短缺的矛盾。

对于许多发展中国家来说，还存在能源供应系统的安全性与稳定性以及能源技术创新不足等问题，这也是导致结构性能源短缺的重要因素之一。电网和输变电以及石油、天然气输送管道等能源基础设施的建设和发展对于保障一个国家或地区的能源稳定和有效供给十分重要。但是由于资金和人才的缺乏，一些发展中国家难以建立和完善必要的能源基础设施，导致了能源供应系统的不稳定和能源供给能力的不足，从而对经济和社会发展产生了不良的影响。实际上，一些十分落后的发展中国家的煤炭、石油和天然气等能源资源相对较丰富，但是由于缺乏完善的能源供给和保障系统，造成了电力供应的不足和不稳定，从而减弱了对外商投资的吸引力。因此，加强能源基础设施建设和加快能源技术创新是发展中国家解决结构性能源短缺所要解决的根本问题之一。

三、国际能源市场不稳定

战后以来，以石油为主体的国际能源市场一直处于不稳定的状态。至于造成这种现象的原因，既有长期因素的作用，也有短期因素的影响。从石油供给方面看，由于石油储量有限和具有不可再生性，所以无论是石油输出国组织（OPEC 组织）还是其他石油输出国家，都会对石油产量和输出进行一定程度的控制。石油输出国组织还是国际油价的制定者，其价格政策会左右世界石油价格。然而，石油输出国为了自身的利益，通常会通过限产等方式来迫使石油价格上涨，以攫取更多的垄断利润。此外，石油生产成本也会对石油供给产生重要的影响，所以石油生产成本的变化对石油的产量和价格也会产生影响。事实上，战后以来石油价格的多次上涨与其生产成本不断上涨不无相关。

石油需求波动是造成国际能源市场不稳定的最重要因素之一。由于石油需求主要是由经济发展水平及其经济结构变化所决定的，所以随着世界经济增长及其对原油需求的不断增长，世界石油价格也在不断上涨。相反，当世界经济跌入经济周期的低谷期，原油价格也会随之下跌。因此，随着世界经济周期的变化，国际石油市场会出现不稳定。特别是一些石油净进口大国对石油需求及其价格影响很大，这些国家的经济状况及其对石油的需求直接左右着国际原油市场的价格。
例如，美国曾经是世界头号石油消费和进口大国，由于它对石油需求
的不断增长导致石油价格不断攀升，2008 年开始美国由于页岩气技术
出现革命性变化，逐渐由石油净进口国转变为世界最大石油供应国，
美国对石油需求的这种逆转直接导致了世界石油价格的下跌。实际上，
20 世纪中后期及 21 世纪初期世界石油价格的蹿升，除了美国的石油
需求增长的原因外，以中国和印度等为代表的发展中国家的经济快速
增长及其对石油需求的显著增长也是重要的原因之一。

　　预期和石油库存的变化直接导致国际石油市场的不稳定。预期对
供给和需求两个方面都会产生一定的影响。从供给方面看，如果石油
企业预期未来的石油价格将会上涨，它们就会压缩产量和增加库存，
以便价格上涨到较高的水平时再进行出售。相反，如果石油企业预期
未来的石油价格将会下跌，它们就会增加产出和减少库存，以避免未
来价格下跌所带来的损失。实际上，一些不负责任的石油生产和输出
国家经常会利用这种方式来操纵石油价格，从而加剧石油市场的不稳
定。预期对石油需求的影响更显著，由于石油是基本的能源资源，对
社会经济有决定性的影响，所以主要的石油进口国家一旦预期到未来
石油价格将上涨就会增加进口和石油储备，这样就会加剧石油价格的
上涨。然而，如果主要的石油进口国家预期到未来石油价格将下跌就
会显著减少进口和石油储备，从而加剧了石油价格的下跌。特别是一
些投机因素的作用，更加剧了国际石油市场的不稳定。

　　突发的重大政治事件对短期的国际能源市场具有最直接的影响。由于石油不仅是基础性经济资源，也是战略性经济资源，直接关系到一国的社会经济发展和政治稳定，所以它的供应和价格在很大程度上会受到国际政治势力的影响。实际上，国际政治势力激烈争夺世界石油资源和控制世界石油市场，已经成为导致国际油价动荡和油价飙涨的重要原因之一。战后以来，世界发生了几十次局部的战争，一般认为其中的一些战争与石油争夺密切相关。特别是 1991 年的海湾战争和 2003 年美国入侵伊拉克的战争，人们普遍认为是由石油引发的。暂且不论这种言论正确与否，但是这些战争对石油价格的影响是显而易见的。以 2003 年伊拉克战争为例，伊战结束后国际石油价格一路飙升，大大超出了人们的预期。当然，造成世界石油价格一路飙升的原因有多种，但是伊拉克战争无疑是一个重要的导火索，这一点是确切无疑的。

　　除了上述因素外，能源结构转换对国际能源市场也有重要的影响。由于传统化石能源的有限性及其所产生的温室气体对气候环境的影响，人们逐步认识到开发和利用新能源和可再生能源的重要性。而较高的世界石油价格，则加快了人们对新能源和可再生能源的开发和利用。新能源和可再生能源的开发和利用必然会减少人类对石油、天然气和煤炭等化石能源的需求，降低石化能源的价格。最显著的例子是 2008 年以来美国对页岩气的大规模开采和利用，使得美国从原先的石油净进口国一跃而成为净出口国，最终导致了以石油为代表的世界能源价格的显著下降。实际上，进入 21 世纪以来，为了有效地应对能源短缺和环境问题，世界各国都加快了新能源和可再生能源开发和利用的步伐。特别是欧盟国家，在新能源和可再生能源的开发和利用方面走在了世界的前列，能源结构中新能源和可再生能源的比重不断提高。中国和印度等发展中国家，也都在加快新能源和可再生能源的开发和利用的步伐。可以预见，新能源和可再生能源终将代替传统的化石能源，届时人类将不再受到能源短缺和安全问题的困扰。

四、如何解决资源短缺与能源安全问题

（一）提高资源和能源的利用效率

提高资源和能源利用效率是解决资源和能源短缺问题的最有效方式之一。实际上，即使是发达国家，资源和能源的节约潜力也是很大的。以交通为例，随着汽车和道路交通基础设施的发展，家用汽车日益普及。然而，一方面，在所有的交通工具中传统的家用汽车的能量利用率最低，这导致了大量的能源资源的消费；另一方面，在许多场合家用汽车属于纯粹的奢侈性消费，这导致了大量的能源资源的不必要的浪费。美国就是一个典型的例子，美国产的轿车豪华舒适，但同时百公里耗油量也很高，美国的石油消费中大部分被用于家用汽车消费。类似的例子还有很多。可见，仅仅从人们日常生活方面看，能源浪费现象很严重，节能潜力很大。而解决这些问题并不难，只要人们树立节能意识，就能够极大地节约能源。

相对于发达国家，发展中国家的节能潜力更大。发展中国家的粗放型发展十分严重，不仅高能耗产业所占的比重较大，而且产业本身的技术落后，单位 GDP 产值的能耗强度大，能源的有效利用率很低。此外，电力和热能生产本身的技术效率也很低，加之能源基础设施和供应体系不完备，大量的能源资源被白白地浪费掉。因此，发展中国家出现的一个很有趣的现象是，一方面工业生产的能耗普遍较高，浪费现象严重；另一方面，能源短缺问题日趋严重，以至于难以满足最基本的生产和生活需要。中国在改革开放初期就是这种情况。改革开放以来，中国在大力淘汰高能耗和高污染产业的同时，积极加快产业的技术改造和升级步伐，但是迄今为止单位 GDP 产值的能耗强度仍然很大。可见，发展中国家在提高资源和能源利用率方面潜力巨大，但是实施起来十分艰难，这是由它们的技术创新能力不足所决定的。

提高资源和能源利用效率的关键包括强化节能意识和加快技术创新两个基本的方面。在工业化和城市化高度发达的今天，人们的生产和生活一刻也离不开能源的驱动和维持。但是，由于能源资源的有限性和维持社会运转需要巨大的能源耗费，所以必须在全社会广泛树立节能观念和意识，以使得有限的能源资源能够最大限度地发挥作用。同时，必须加快能源生产和利用技术的创新。从能源节约的角度看，首先应大力开展微能化机械和电器设备的研究和开发，这是解决能源浪费和提高能源利用效率的根本措施。其次是应尽可能地充分利用自然力的作用来减少人们生产和生活中的能源消费。特别是农业生产和人们日常生活中的许多方面都与大自然密切相关，如果在这些领域能够充分利用自然力的作用，那么就可以极大地减少对人工能源的依赖。实际上，目前世界许多地方都已经成功地建立了生态工业园和生态居住区。实践证明，它们能够通过充分地利用自然力来最大限度地节约能源。如果所有的生产和生活领域都能够实现绿色化和低碳化，那么将能够彻底地解决能源浪费和能源短缺问题。

（二）开发和利用新能源

人类现代文明的发展和进步，与传统化石能源的开发和利用密不可分。自化石能源被人类所认识和开发利用以来，其开发和利用的技术不断进步，生产成本也不断下降，对促进现代工业和城市发展做出了巨大的贡献。然而，化石能源不仅储量有限并具有不可再生性，而且在使用中会产生大量的温室气体，从而会对自然气候产生显著的影响。根据大量的科学研究得出的结论，世界工业革命以来人类大量地使用化石能源，导致了地球的平均气温显著上升，从而进一步导致了极端气候的变化，并对人类的生存安全产生了深远的影响。可见，无论是从化石能源的有限性方面，还是从它对环境的影响方面看，大力开发和利用新能源和可再生能源，尽快摆脱对传统化石能源的依赖，已是人类解决能源和环境问题的根本要求。

新能源和可再生能源（包括太阳能、风能、水能、海洋能、地热能和核能等）的基本特点是它具有可再生性和无污染性。其中，太阳能和风能还具有广泛的分布性，无论哪一个地区都存在这两种取之不尽的自然能源。制约太阳能和风能利用的主要因素是成本问题，假如不考虑环境效益的话，现阶段来看它们的发电成本显著高于化石能源。另一个关键制约因素是，太阳能和风能具有间歇性和不稳定性。比如，太阳能在夜间无法利用，风能也存在风力不稳定的问题，等等。不过，无论是前者还是后者，理论上都可以通过技术革新来得到完满解决。例如，可以将太阳能和风能结合起来进行开发和利用，这在现有的技术水平下已经完全能够做到。同时，加快高密度的储能设备的开发和利用，用于调节它们的间歇性和不稳定性问题。可见，问题的关键还在于如何推动太阳能和风能技术的开发和利用。

水能开发和利用技术目前已经很成熟，而且其生产成本已经能够与化石能源相匹敌，所以是一种很受欢迎的低成本和无污染的可再生能源。水能开发和利用的另一大优势是，如果能够结合流域水资源开发和治理来进行规划和利用，还有利于合理分配和利用流域水资源。目前世界很多国家和地区都在积极地开发和利用水电资源，但是总体上看，水电资源的开发和利用的潜力还很巨大。特别是在技术和经济落后地区，由于水电开发的投资巨大和投资周期长，所以没有足够的技术和经济能力来进行开发和利用。此外，由于水电设施大多分布在偏远的地区（山区），电力输送设施的投资规模也很巨大，这也是制约水电发展的一个重要因素。不过，由于水电是现阶段所有可再生能源开发和利用中成本最低和技术最成熟的清洁能源，所以未来它将在解决人类能源短缺方面发挥重要的作用。

　　海洋能是一种较为特殊的新能源和可再生能源。理论上说，海洋能是地球上最为丰富和潜力最为巨大的能源资源，但同时它也是现阶段人类利用程度最低的清洁能源之一。实际上，海洋能具有多样性，如潮汐、海浪、海流和海风等，都是可以利用的能源资源。从理论上说，海洋能很容易被转化为机械能，只要设计出合适的机械装置，就能够将海洋能转化为电力为人类所利用。当然，由于海洋能具有巨大的摧毁力和不确定性，所以人类至今仍没有设计出一种稳定有效的机械装置来捕捉和转化海洋能。不过从技术上看，未来人类有望在海洋能的综合利用上获得突破。比如，将海堤设计成具有涡流与回旋性质的曲面防浪墙来捕捉海浪的推力能，同时连接海面漂浮的机械装置来再次捕捉海浪能，再综合海风能和太阳能，就可以确保获得稳定的海洋能。海岛和有条件的沿海地区利用这种电力装置不仅可以获得电力，而且还可以保护海岸，具有综合功效。

　　利用核能是人类解决能源短缺问题的又一重要途径。首先，相对于化石能源，核能技术已经很成熟，很多国家都已经在开发和利用核能，有效地缓解了严重的能源短缺问题。尤其是目前世界上已经开发出了小型和模块化的原子能利用的核反应堆装置，这对于普及和推广核能的利用意义十分重大。其次，生产核能的核材料丰富，不仅地球和海洋中的储量丰富，其他星球上也储存着十分丰富的核材料。如果能够将它们全部用于生产电力，那么人类的能源短缺问题将彻底得到解决。当然，核能装置的安全问题一直是人们所担心的问题，苏联的切尔诺贝利核电站事故和日本的福岛核电站事故，一直成为人类利用核电挥之不去的阴影。不过，随着新的核电技术的发展，特别是核聚变技术的发展，核安全问题终将会得到有效的解决。

第三节 环境问题

一、严峻的环境现实

随着人类对自然探索的广化与深化，人类活动对大自然的影响也越来越大，由此造成了全球性的环境问题。现阶段全球环境问题越来越严重，已经对人类的生存安全构成了威胁。由于各个国家和地区的自然和社会经济状况不同，所以出现的环境问题也不尽相同，但是总体上说可以分为环境污染和生态破坏两大类型。

（一）环境污染

人类生产和生活对环境所造成的污染主要表现在大气污染、水体污染和土壤污染三个方面。现阶段大气污染问题十分突出，已经严重地影响了人们的身体健康和生存安全。由于人们每时每刻都必须进行呼吸，所以大气污染问题的严重性首先表现在它对人们的健康所造成的直接危害。在一些气体污染物排放严重的工业区和城市，由于空气中包含了大量的有毒的可吸收尘埃，这些有毒气体被人体吸收后会对身体造成严重的危害，导致一些空气污染严重地区的人们患有相关疾病的人口数量甚至死亡的人数激增。大气污染严重的地区还会出现酸雾和酸雨现象，酸雨不仅会污染水体和土壤，而且还会破坏自然生态和建筑设施，危害人类健康。

与大气污染相关的另一个问题是大量温室气体排放所造成的温室效应。工业生产和人们生活中所产生的碳氧化物和氮氧化物等气体具有温室效应，适量的排放对保持地球的气温是有益的。但是，如果大量的排放，就会导致地球气温上升，以至于超过了人类生存所需要的适宜的地球平均气温。地球气温的显著上升，不仅会导致极地冰雪融化和海平面上升，对人们的社会经济活动和生存造成严重的影响，更会导致极端气候变化和重大自然灾害，从而对人类正常的社会经济活动和生存安全构成威胁。温室气体对气候的影响问题已经引起了国际社会的高度关注，虽然目前还没有达成一项令人满意的国际协议和采取一致的国际行动，但是许多国家已经开始采取措施来应对全球气候变暖问题。欧盟是最先采取行动的地区，也是目前做得最为成功的地区，为全世界做出了表率。中国等发展中国家也都在积极地采取应对气候变化的行动。然而，要彻底解决这一问题，还需要国际社会做出长期的努力。

大气中的臭氧层被破坏也是由于人类大量使用氟氯碳化物和氮氧化物等物质所造成的。臭氧层对人类的生存至关重要，它不仅能够吸收大量的紫外线以避免它对人类造成危害，而且还能够维持地球气温。因此，大气平流层中保持适量的和相对稳定的臭氧浓度是至关重要的。但是由于人类大量使用氟氯碳化物和氮氧化物等物质，这类物质被大量排放到大气的平流层中并不断聚集，在强烈的紫外线照射下分解出氯原子和溴原子等活性物质，从而分解和破坏臭氧层。早在 20 世纪 80 年代中期，科学家们就已经观察到南极上空出现"臭氧空洞"现象。由于氟氯碳化物具有非常高的稳定性，所以一旦大气中聚集了一定数量的氟氯碳化物，就会产生长时间的持续的危害，况且人类对臭氧层破坏的活动仍在继续。可见，这是一个很严峻的现实的环境问题，必须由人类社会共同来解决。

水体污染问题也一直困扰着人们，它又包括内陆水污染和海洋污染两个方面。随着人们的生产和生活水平的提高，废弃物的排放也越来越多。许多工业部门排放的污水和固体废弃物都含有大量的重金属和化学物质等有害物质，如果不加处理即进行排放或随意丢弃，就会污染河流和地下水。然而，许多发展中国家为了推动经济发展，往往忽视了环境保护问题，结果由工业污水和固体废弃物排放所造成的环境污染问题日益严重。除工业废弃物之外，人们日常生活中产生的大量废水和固体废弃物也是造成水体污染的一个重要方面。中国就是一个典型的例子。改革开放以来，随着工业化和城市化发展，生产和生活废弃物大量产生，由于技术、资金和环保措施不力，水体污染问题越来越严重。由化工厂的污水排放所造成的附近地区河流和鱼塘中鱼虾大量死亡，以及农作物大面积死亡的重大事故不断发生。近些年来，虽然国家加大了对污染问题的整治，重大的环境污染事故已经减少，但是还没有彻底解决河流和地下水的污染问题。

　　除了内陆水污染外，海洋污染也日益受到了人们的关注。首先是海上生产活动（如海洋钻探及其他海上作业、海上运输和油轮泄漏等）所造成的石油、化学物质和重金属等污染物的排放，这是造成远海污染的主要因素之一。其次是直接向海洋倾倒废弃物对海洋所造成的污染，特别是一些海洋岛国，由于陆地面积有限，直接向海洋倾倒废弃物是一种较为便捷的方式。最后是陆源性污染向海洋的排放，内陆河流和水体污染的最终归宿是海洋。特别是一些临海地区的内陆水系直接和大海连接在一起，这些地区的内陆污染物直接排入大海，再加上内海的海上养殖业发展和人们对沿海滩涂的不合理开发，对海洋生态系统造成了极大的危害。目前海洋污染问题已经引起了国际社会的极大关注。①

　　土壤污染问题也受到了人们的极大关注。土壤污染与地下水污染直接相关，两者相互影响，从而使得污染范围较广，影响的时间也较长久。土壤污染对农作物的危害最直接，它会直接导致农产品中的重金属和其他有害物质的含量超标，人们食用后会对身体产生危害。家畜食用后会导致重金属等有害物质在肉食品中的聚集，最终对人体产生危害。中国已经发生多起毒大米等严重的食品安全事件，主要就是由于当地的工业废弃物排放对灌溉水、地下水和土壤造成的严重污染所导致的。受到重度污染的土地还有可能会导致农作物歉收甚至死亡，中国也曾经发生过多起因化工排放污染水体和土壤而导致农作物大面

---

　　① 张幼文. 世界经济学. 上海：立信会计出版社，1999：339-347.

积死亡的事件。据有关研究得出的结论，中国大多数地区的城市郊区和工业区一定范围内的土壤和地下水都不同程度地受到污染，其中重度污染和中度污染占有相当的比例，完全没有被污染的洁净地区已属罕见。

（二）生态破坏

自工业革命以来，由于科学和技术的发展，人类对自然资源的开发和利用水平在不断地提高。同时，人类活动对自然生态环境的影响也越来越广泛和深入。生态破坏主要表现为森林覆盖面积减少、土地沙化、湿地消失和物种灭绝等严重的自然生态环境问题。生态环境受到破坏既有自然的因素，也有人为的因素。其中，人为因素起着决定性的作用。可以说，当今的生态破坏主要是由人类的破坏行为所造成的。

地球上所覆盖的森林系统是维持自然生态平衡的物质基础。在自然界的长期进化中，已经形成了以森林为基础和以生物多样性为特征的复杂的自然生态系统。如果森林系统受到破坏，将打破自然生态平衡，使得自然生态系统不断退化，最终导致生物资源灭绝和水土流失。然而，由于人口的增长和人们生活水平的提高，人们滥砍滥伐森林树木，使得森林覆盖面积不断减少。

土地沙化问题日益严重。非洲地区就是典型的例子。许多非洲地区原来也是一片绿洲，但是由于缺水和人类不合理的过度开垦，导致了沙漠面积不断扩大，已经不再适合人类居住和生活。中国的西北地区早期也是水肥草美的地方，但是由于人们过度放牧和开垦，导致了草场退化和土壤沙化面积不断扩大。一些原来零星的沙丘和沙地，已经开始连成一片，越来越不适合人类居住和生存。

湿地是保护生态多样性和涵养水源的最重要的生态基础之一。然而，人类为了眼前的利益，往往会将湿地改造成农田或其他用地，导致湿地面积不断减少。湿地面积减少或消失，不仅会使原先的水生生物失去生存的基础，从而导致部分生物物种消失。更重要的是，大面积湿地的存在有利于改善局部地区大气中的水汽条件，增加这些地区的降雨概率，从而维持良好的水循环，所以对湿地环境破坏的后果是极其严重的。

生物多样性是地球自然生态系统良性循环的物质基础。但是由于地球森林覆盖面积的大面积减少，导致了一部分物种消失。根据相关的科学研究，近一个世纪以来物种灭绝的速度不断加快，每年有数百种物种灭绝。物种大量灭绝不仅使自然界的生物基因库不断缩小，而且更重要的是有些生物灭绝可能会导致某些寄生生物向人类转移。如果这种现象大规模地发生，有可能会给人类带来灾难性的影响。

以上所讨论的仅是生态破坏的部分例子。实际上，局部地区的生态破坏程度已经远远地超过了人们的直观想象。环境污染和生态破坏两者交织在一起，已经对人类的生存安全构成了严重的威胁。如果人类不赶快行动起来应对环境污染和生态破坏问题，那么人类最终的命运结局是不敢想象的。

二、化石能源消费对气候环境的影响

自从石油、煤炭和天然气等化石能源被人类发现和利用以来，人类的生产和生活发生了翻天覆地的变化。人类利用化石燃料进行发电来驱动工业生产设备和家用电器运转，利用煤炭和天然气来取得热能用于做饭和取暖等，人类一刻也离不开化石能源。因此，化石能源为人类现代文明做出了不可磨灭的贡献。可以说，没有化石能源，就没有人类的现代文明。

然而，化石能源在为人类做出贡献的同时，也对自然生态环境产生了负面影响。化石燃料在进行燃烧时会释放出大量的碳化物、氮化物和硫化物等气体，这些气体直接排放到大气中去，不仅会直接污染环境，而且还会导致地球气温升高。联合国政府间气候变化专门委员会（IPCC）曾经发布评估报告指出，自 19 世纪以来的上百年间，由于人类活动所导致的二氧化碳的大量排放的影响，全球平均高气温上升 0.3 ℃～0.6 ℃，从而引起了海平面上升 10～25 厘米。也有的研究认为，全球平均高气温上升的幅度远比 IPCC 所公布的数字高。尽管不同的研究结果存在差异，一个不争的事实是全球平均气温确实是在上升，而且主要是由于地球表面碳氧化物等温室气体大量积聚所导致的。

根据科学常识，死亡动植物的分解、动植物的呼吸作用和化石燃料的燃烧都是二氧化碳的主要来源。通常情况下，死亡动植物的分解和动植物的呼吸作用所产生的二氧化碳，能够通过森林、草地植被和农作物等自然生态系统的自我循环而保持在一定的范围内基本不变。

除非人类大面积地毁坏森林和草地植被系统，而显著降低自然生态系统对二氧化碳的自吸收能力。但是，化石燃料的燃烧所产生的二氧化碳属于净排放，是人类强加给自然生态系统的，已经远远超出了自然生态系统的自循环和净化能力，只能通过人类自己来进行控制。自工业革命以来，随着化石燃料的使用，人类活动所导致的二氧化碳排放也越来越多。不过由于早期人类使用化石燃料的规模有限，对气候所产生的影响并没有引起人们的注意。然而，二战以来随着各国的工业化和城市化发展，人类对化石燃料的使用规模日益增大，它所导致的二氧化碳排放也迅速增加，从而对地球气温产生了显著的影响。

地球气温上升会对人类造成灾难性影响。首先会造成海平面上升。地球气温升高会导致两极和高纬度地区的冰盖融化，还会导致海洋变暖和海水体积膨胀，它们都会引起海平面上升。而海平面上升将直接淹没沿海地区的土地和城市，一些海洋中的岛国也将被淹没。然而，由于沿海地区的港口和资源等条件优越，经过人们长期的建设和发展，大陆沿海地区人口密集，工农业发达，城市发展较快。如果这些大陆沿海地区遭到淹没，将会造成巨大的经济和物质损失。如果海洋中的岛国被淹没，将会导致岛国的居民失去生存的家园。实际上，由于海平面的上升，一些岛国的陆地面积在不断缩小，以至于马尔代夫等海岛型国家正在考虑向其他国家购置土地来安置岛上居民。

其次，地球气温上升会影响海洋和陆地生态系统。无论是海洋还是陆地生态系统，都是经过数百万年的长期演化而形成的相对稳定的天物合一的有机循环系统。地球气温上升会导致海洋温度升高，而海洋温度上升则会影响原有的海洋生态系统。近些年来许多海域的珊瑚礁大面积死亡，主要是由于海水温度上升所导致的。地球气温上升还会影响陆地生态系统，造成某些动植物物种的加速灭绝。例如，地球气温上升造成北极地区的冰盖面积不断缩小，对北极熊等极地生物造成了极大的威胁。根据生态学家的研究结果，20世纪中后期以来地球生物灭绝的速度在不断加快，这与地球气温升高有密切的关系。

　　最后，地球气温上升还会导致极端气候变化。极端气候主要是指极端高温、极端低温、极端干旱和极端降水等罕见的气象事件。按理说，极端气候属于小概率事件，通常50年或上百年才可能发生一次。但是，随着全球气候变暖，近半个世纪以来全球极端气候频繁发生。根据世界气象组织发布的研究报告，不仅全球的极端气候事件日趋增多，而且极端气候事件分布的范围也越来越广，已经遍布世界各地。极端气候变化已经给人类造成了极大的危害，严重地威胁了人类的财产和生命安全。好在世界各国已经充分认识到了全球气候变暖的严重性，正在采取措施来积极应对。

三、如何解决环境与极端气候变化问题

（一）实行严格的环境保护政策

　　环境治理包括对工业污染的治理和人们日常生活所产生的污染的治理两个方面。工业污染主要是工业生产中所产生的废气、废水和固

体废弃物的排放对环境所造成的污染。在经济发展的早期，由于工业发展的规模有限，它对环境所造成的污染并不显著。然而，当工业发展到较大规模的时候，它对环境所造成的污染就会越来越严重，远远超出了自然环境的承载能力。在这种情况下，就需要通过实行严格的环境保护政策来进行限制和治理。

环境保护政策包括限制排放和排放治理两个基本的方面。限制排放主要是针对高排放、高污染、低效率行业，这类企业大多实行粗放型经营，能源和资源利用率低，节能减排的潜力大。因此，如果实行严格的限制排放的政策和措施，那么就可以在较短的时间内极大地减少污染物的排放。特别是经济发展落后的国家，粗放型经营企业所占的比例较大，如果实行严格的限排措施，那么效果极其显著。

由于技术条件所限，在一定的阶段任何国家都不可能完全限制污染物的排放。在这种情况下，可以对排放后的污染物进行资源化和无害化处理。污染排放治理包括企业自身治理和公共治理两个阶段。首先必须建立不同行业和产业的污染排放技术标准，对于排放达不到标准的企业，需要事先对排放物进行处理使其达到排放标准才能够排放，这是强制要求。其次还必须对所有企业的排放物进行集中的治理。因为即使企业的排放物达到了国家规定的标准，但是不等于是零排放，所以还需要将一定范围内的所有企业的排放集中起来再次进行资源化和无害化处理，最终实现零污染排放。

至于政策手段，主要包括排放限额和污染税两个方面。两者可单独进行使用，也可以结合起来进行使用。不过，对于污染严重的行业，实行排放限额政策可以起到立竿见影的效果。污染税是通过影响企业的成本来促使企业减少排放的，如果税率恰当，同样能够起到保护环境的目的。

（二）全面推动节能减排工作

对于实行粗放型发展模式的国家或地区来说，能源和资源的利用率极低，节能减排的潜力巨大，所以全面推动节能减排工作对保护环境的意义十分重大。首先必须加快淘汰高能耗、高污染的技术落后型产业。由于这方面的产业大多属于对社会经济影响较大的基础性产业，如钢铁业和化工业等，所以国家应当通过财政补贴或其他的方式来支持这些产业转型或进行技术升级。

其次是加快技术革新和推动产业结构升级。相对于发达国家，发展中国家的技术水平普遍落后，所以技术革新的潜力大。实际上，在全球化和现代开放条件下，技术的标准化和扩散速度也在不断地加快，发展中国家完全可以通过引进和消化吸收的方式来加快本国的技术创新步伐和提高整体的技术水平。同时，应当鼓励和支持高新技术产业发展，因为即使是落后国家也有自己的特有的技术优势，如果能够和技术引进结合起来，那么将有利于极大地推动产业结构升级。

以上探讨的是生产领域的节能减排问题。除了生产领域的节能减排外，生活领域的节能减排潜力也很巨大。随着物质和文化生活水平的不断提高，人们越来越远离大自然，而主要依赖人工环境和现代交通工具来进行生存。比如，夏天依靠空调来进行降温，冬天依靠暖气来进行取暖，出行开私家车，等等。实际上，这种生活方式虽然舒适、便捷，但是既浪费了能源又不利于健康。以出行为例，如果短途出行，可以步行或骑自行车，既锻炼了身体又节约了能源，而远途出行则可以乘坐公共交通工具，这些都比开自家车更有利。但是现在开私家车出行的人越来越多，不仅造成了交通拥挤，而且还导致了大量的能源浪费和污染物的排放。此外，随着现代食品加工技术的发展，人们消费的加工食品越来越多，而初端农产品的消费比例相对下降。这样既浪费了大量的能源，又不利于人们的身体健康。可见，转变人们的消费观念和消费方式，减少奢侈型消费和浪费型消费，对节能减排意义重大。

（三）加快发展绿色产业

绿色产业属于低能耗、低污染和高效率的新兴产业，国际绿色产业联合会（International Green Industry Union）将其定义为，"基于环保考虑，借助科技，以绿色生产机制力求在资源使用上节约以及污染减少的产业"。可见，绿色产业是一个较为宽泛的概念。随着全球气候变暖及其对人类危害的加剧，绿色产业正在全球日益兴起，世界各国都在大力推动绿色产业及其相关产业的发展。

在绿色产业中最令人瞩目的是环保产业。随着人类环境保护意识的不断增强，环保产业将成为一个潜力巨大的产业。环保产业包括环保设备生产、环保基础设施建设、环保技术的开发和研究、环保服务以及垃圾的回收和处理等一系列主体产业及其关联产业。如果从广义的角度看，它几乎涉及所有的生产和生活领域。对于发展中国家来说，由于技术水平低和污染严重，所以环保技术和服务涉及几乎所有的生产和生活领域。近些年来，世界各国都在积极提倡和推崇循环经济，其微观基础本质上即属于环保产业之列。

实际上，即使是最发达国家，目前也已经将健康和环保技术列为最优先的技术创新战略。欧盟不仅在环保技术研发方面投入了大量的资金，而且在环保产业发展方面也投入了大量的资金。目前欧盟已经将以环保产业为基础的低碳经济发展列为欧盟各国的发展战略目标，试图在新经济方面走在世界的前列。美国已经将技术创新目标转向健康和环境领域，国家支持的科研资金将大量地投入到这两个领域，健康和环境问题已经成为大生命科学领域研究的核心。可见，加快发展绿色产业不仅是解决环境问题的当务之急，更是新经济发展的基石和核心。

（四）积极利用新能源

相对于传统的化石能源，太阳能、风能、水能、海洋能、地热能和核能等新能源，不仅可再生、可永久重复利用，而且绿色、无污染。所以，它具有保护环境和保障能源安全双重作用。可是，现阶段新能源生产的成本相对较高，难以与化石能源进行竞争。因此，必须在政府的支持和推动下才能够得到很好的发展。

从新能源产业发展方面看，现阶段的关键制约因素是新能源技术创新，包括能源生产效率改进、高密度能源储存、集成模块化设备制造与装配、智能化计量与并网供电、多元化新能源系统的集成化互补利用等。以太阳能发电为例，现阶段光能的直接利用率还较低，光能的间歇性也无法保证电力的持续产生，大规模的光电生产需要占用较多的土地，这些问题还需要通过技术创新来加以解决。就光电来看，现有的技术瓶颈已很难再有大的突破，必须在相关的基础技术方面取得重大的突破，才有可能使应用性光电技术出现革命性的变革。这就需要将与新能源相关的基础技术提升到国家科技战略的高度来进行推进。

在新能源的产业发展层面，国家必须在投融资和税收等方面重点进行支持和帮助，以降低新能源企业的电力生产成本。新能源生产的另一个特点是，属于分布式能源，比较适合于小型化、分散化生产。因此，对于一些偏远的缺电地区，国家可以采取技术援助和财政补贴等方式，鼓励家庭和企业安装太阳能，或风能，或者两者集成的设备来获取电能。这是普及推广和利用新能源的一种较可行的方式。

（五）大力发展碳汇产业

碳汇产业包括人工碳汇和生物碳汇两个方面。人工碳汇主要是通过技术和工厂化手段来将排放到大气中的碳氧化物进行捕捉、封存或清除，这一过程本身需要投入大量的资金和技术。生物碳汇则是通过植树造林和培育草地植被,利用森林和植物来吸收大气中的二氧化碳,从而达到减少大气中二氧化碳浓度的目的。显然,相对于人工碳汇,生物碳汇具有更多的优点。

近一个多世纪以来,由于生存和发展的需要,人类进行了大规模的砍伐树木、毁林造田和围湖造田等破坏自然生态环境的行为,导致了大量的森林和湿地被毁坏,极大地降低了森林和植物对二氧化碳的吸收能力。例如,堪称"地球之肺"的亚马逊热带雨林不断遭到人类的砍伐,与四百年前相比,目前几乎已经减少了一半,而且迄今为止人类仍然没有停止砍伐的步伐。热带雨林的破坏不仅直接降低了其吸收二氧化碳和制造氧气的能力,而且还会减少土壤涵养水分并通过蒸腾作用补充大气中的水分的能力,导致毁林地区少雨、干旱,从而进一步导致植被减少和荒漠化,形成恶性循环。

为了应对气候变化,世界各国首先必须停止滥砍滥伐森林。同时,大力开展人工植树造林活动,最大限度地增加森林覆盖面积。实际上,人类可植树造林的范围十分广泛,除了不适宜耕种的山地和丘陵地带可以进行大面积的植树造林外,城乡居民居住区、公共休闲用地、农田路网与沟渠两旁以及道路两旁等,都可以进行植树造林。即使是建筑物的墙面和屋顶,也可以通过立体绿化方式来种植绿色植物。再加上草原、海洋植物、水生植物、湿地草甸和农作物等,能够从大气中吸收的二氧化碳量是惊人的,必然有利于缓解气候变暖问题。

第四节　世界安全问题

一、全球化进程中的国家主权维护和利益冲突

对世界各国来说，全球化所带来的最大冲击可能是国家的主权与政治利益。在封闭式国家运行条件下，各国完全按照自己的意志行事，无须考虑其他国家和整个世界的政治经济形势。然而在对外开放和全球化大背景下，除非例外情况，否则一国不得不或多或少地参与国际政治与经济事务。在这种情况下，一国的任何行动都会影响其他国家和世界，其他国家和世界的变化又会反过来影响甚至左右该国，形成了两者相互影响、相互作用，谁也离不开谁的互动和相互依存的格局。

要塑造一个和谐的世界，必须正确地处理好维护世界整体利益和尊重各国的主权利益两个方面的关系。一方面，维护世界整体利益是世界这个有机体得以正常和有秩序运行的基本要求，也是世界市场存在的前提条件。因为世界市场是在一定的制度和规则下运行的，而良好的制度和规则是建立在合理的国际政治和法律基础之上的。显然，国际政治和法律决定了国际经济和世界市场。没有稳定的国际政治和法律秩序，就不可能有良好的国际经济活动和世界市场。因此，世界市场和经济固然重要，但是全球化的根本问题仍然是国际政治和法律问题。或者简单地说，就是建立一个灵活有序的和相对稳固的国际政治体系。

另一方面，世界整体利益是建立在各个主权国家利益基础之上

的，只有主权国家的利益得到尊重和维护，才能够创造一个和谐的和紧密团结的国际社会。当然，这里所说的主权国家利益既包括政治权益也包括经济权益。其中，政治权益又包括国家领土完整、军事力量独立、文化价值观和国格得到尊重、政治与法律体系独立以及在国际社会中拥有平等的话语权等；而经济权益则主要是指在公平的世界市场竞争中所获得的财产收益权及其支配权以及国内经济政策的相对独立性，但不包括对任何经济主体（包括国内和国外经济主体）公平参与世界市场竞争的干预权以及阻碍经济资源全球化配置的权利。

从人类社会历次大大小小的冲突和战争看，国家与国家之间的冲突与战争的根源是强者对弱者的极度占有欲和控制欲的彻底暴露，本质上是动物世界的丛林法则在人类社会的悲情上演。因此可以这么认为，国家、地区以及个体之间的冲突和战争是人类社会低级化和势利化的表现。而随着人类社会向高级化发展，任何形式的冲突和战争将不断减少，直至最终不再发生。伴随着人类社会高级化发展，人类社会的组织形态也将发生根本性的变革。超邦联的国际组织体系将取代现阶段的一盘散沙的国际组织形态，主权国家与政治实体已彻底放弃对资本全球化的干预权，跨国公司将横行世界市场，各国将按照自己的比较优势和在世界专业化分工体系中的优势来实现其价值。同时，超邦联的联合国家实体将拥有提供世界性公共产品和维护世界公共秩序的必要的权力。

二、全球化与国际恐怖主义滋生

恐怖主义行为对人类危害极大，是人类文明的大敌。自人类社会产生以来，恐怖主义行为就不断发生。然而，20 世纪 90 年代以来，随着全球化的发展，国际恐怖主义事件也显著上升。2001 年 9 月 11 号美国发生的"9·11 事件"更是震惊世界，它标志着国际恐怖主义进入了新的发展阶段。目前恐怖主义几乎已经渗透到世界的每一个角落，世界各地随时都有可能遭受恐怖主义的袭击。按理说，全球化与恐怖主义没有必然的联系，但是很显然全球化在扩大人类活动空间的同时，也为国际恐怖主义滋生和蔓延提供了土壤。

至于恐怖主义产生的原因，有民族说、宗教说、地域冲突说、贫富差距说和文化价值观冲突说等各种不同的解释。然而，这些学说所无法解释的一个现象是，为什么人类文明的进步会与国际恐怖主义相伴而生。这就要从个人的欲望与社会利益的不一致性方面来进行解释。在文明的社会，个人的欲望应该尽可能地得到满足，这是毫无疑问的。但是作为一个理性的社会人，其欲望是以现实的社会与个人禀赋条件作为约束的。任何超越现实的社会与个人禀赋约束的行为，必然会造成与社会和他人的冲突，这便是恐怖主义产生的根源。

国际恐怖主义的产生虽然与全球化没有必然的联系，但是全球化扩大了个人的活动空间并导致了个人欲望的膨胀，同时也带来了更多的竞争和挑战。当两者落差扩大到一定程度的时候，便会导致自我毁灭式的过激行为的发生。从这个意义上讲，国际恐怖主义是多种因素共同作用的结果。此外，由于全球化突破了现实地域的限制，所以为个别仇视人类和煽动国际恐怖主义的人和组织提供了便利。因为人人都羡慕理想的天国，而遥远的理想天国更具有迷惑力，这就是那些极端组织能够吸引世界各地狂热分子加入的主要原因之一。

对于国际恐怖主义来说，全球化所带来的另一个困惑是难以及时地发现它，并将它在萌芽状态扼杀。这主要是因为国际人员流动的行踪难以准确地掌握，加之各国之间的情报交换不及时、不畅通以及国际恐怖主义分子善于伪装和善于利用不同国家的法律差异来掩护自己，所以导致了恐怖分子组织通过异地策划的方式来在全球实施恐怖主义活动。因此，打击国际恐怖主义需要世界各国团结一致，尤其是在情报收集、交换和处理方面实现一体化。此外，对国际恐怖主义组织，世界各国应当共同打击，彻底铲除其产生和发展的任何条件。当然，彻底铲除恐怖主义滋生的土壤是根本，这需要从解决发展中国家的贫困化、提高公民的道德素养和全面构建和谐社会等方面入手来加以解决，但这是一个长期的过程。

三、难民与人道主义危机

受叙利亚和伊拉克战争的影响，目前人类社会已经出现了自第二次世界大战结束以来世界上最严重的难民潮。根据联合国开发计划署的统计，目前全球已超过 8000 万人需要进行紧急的人道主义救助，而难民人数已经超过 6000 万。受到冲击最严重的国家是土耳其和欧洲，大量的难民涌入到这些国家，不仅造成了极大的财力和物力负担，而且也带来了治安和国家安全问题。

如何有效地解决难民问题，是当前国际社会所面临的一个十分棘手的问题。首先，必须提高国际社会对难民救助问题的认识。难民问题不仅仅是少数相关国家的责任问题，世界各国都有义务和责任救助难民。因为这不仅涉及人道主义问题，而且也关乎世界各国安全问题。事实上，如果难民得不到及时的救助和安置，不仅可能会引起局部的骚乱，而且也为国际恐怖主义组织提供可乘之机。可见，难民问题不是一个孤立的问题，它涉及国际政治、社会和经济等多个方面，必须引起世界各国的高度重视。

其次是国际社会紧急行动起来共同分担救助难民的责任。目前难民救助的主要问题之一是救助资金和物资缺乏，少数国家难以承担。例如，土耳其已经接待了超过 300 万难民，土耳其的政府和非政府组织已经花费了 200 多亿美元用于救助难民，这对土耳其来说是个巨大的挑战。世界各国首先应当直接向难民集中的国家提供必要的资金和物资，同时动员社会和民间组织向难民捐助资金和物资。目前大量的中东难民正在涌向欧洲国家，使某些难民集中的国家不堪重负。国际社会应当为这些国家在救助资金、物资及维和力量等方面提供力所能及的援助。

再次是建立可持续的人道主义救援体系。及时的、完善的人道主义救援，是人类文明进步的重要表现。无论何时何地的人们出现灾难，国际社会都应当及时地伸出援手进行全方位的救助，以帮助受援者渡过难关并重新过上正常的生活。而要实现这一目标，必须建立一个可持续的人道主义救援体系，改革和调整国际人道主义救援机制。国际人道主义救援体系和机制改革和完善的核心是救援资金和物资的合理分担与筹措、各国应承担的义务和责任的分配以及各国在救援行动中的协调和合作。其中，最关键的是援救费用的合理分担与筹措。解决该问题的最好办法是，在联合国的协调和安排下建立世界难民与人道主义救援基金，各国依据其社会经济发展状况按一定比例向基金认缴份额，同时鼓励社会和民间组织与个人向基金进行捐助。一旦发生难民与人道主义危机，国际社会就可以使用这笔基金来进行救助。

最后是制订一部完备的国际难民与人道主义危机救援的国际法律体系。因为难民问题涉及难民身份的界定、难民的法律地位、难民的安置、难民的迁徙、难民的国籍、难民的权益与责任、相关国家的责任和义务、国际社会的责任和义务等一系列的问题，所以需要利用法律来进行规范和约束，这也是建立可持续的人道主义救援体系工作的一个有机组成部分。

四、落后国家的贫困化问题

贫困化是落后国家发展的一个重要障碍因素。贫困化不仅仅使贫困人口的衣食住行问题得不到解决的问题，更重要的是它会影响整个社会人口的健康安全和生存发展。从一个国家来看，贫困化包括城市贫困化和农村贫困化两个部分。城市贫困化的主要表现是城市贫民窟的大量出现和城市贫困人口比例较大，非洲、南美洲和亚洲的许多城市都普遍出现了这种情况。在城市贫民窟地区，不仅生存环境恶劣、疾病丛生，而且治安状况较差，损害了整个城市的形象和安全。

农村贫困化构成了落后国家贫困化的主体。农村贫困化首先阻碍了农村社会和经济发展，造成了农村百业凋零，贫困人口生存艰难，贫困人口的卫生和健康状况差，适龄儿童得不到良好的教育。这种情况又导致了农村人口大规模向城市转移，从而加剧了城市贫民窟的扩张，形成了恶性循环。对于大部分落后国家来说，农业是国民经济的基础，农村贫困化标志着整个国家的落后，这就给农村贫困化问题的解决带来了困难。

贫困化的最可怕之处在于它往往会导致贫穷累积恶性循环。由于贫困化地区人们的劳动产出仅能够勉强维持生存，生产剩余有限，导致了投资不足和难以扩大生产规模。在这种情况下，如果不从外部注入经济要素，那么很容易陷入贫穷累积恶性循环的陷阱。历史和现实都已经证明了这个科学的论断。这也告诉人们，解决落后国家的贫困化问题，不能够仅仅依靠落后国家本身，国际社会和发达国家应当承担起应有的责任。从另一方面看，许多国家的贫困化主要是由于战争、自然灾害和发达国家的掠夺式开发所导致的，在某些情况下发达国家负有直接的责任。从这个意义上讲，国际社会和发达国家有义务帮助落后国家解决贫困化问题。

解决贫困化问题的关键包括人和物两个方面。从人的方面看，主要是提高贫困化地区人口（特别是适龄儿童）的教育水平，培养和提高他们的生存知识和技能，向他们提供适用技术援助，帮助他们发展适合当地条件的产业，尽快解决他们的基本生存问题。在物的方面，主要是向贫困地区注入大量的资本和增加投资，培育和提高贫困地区的资本形成能力，以彻底摆脱贫困地区的贫穷累积恶性循环的困境。

为了帮助落后国家解决贫困化所需的资金问题，国际社会应当建立贫困化发展基金，专门用于落后国家解决贫困化问题。目前国际社会已经建立起了类似的基金，但是规模有限，难以满足落后国家发展的需要。实际上，随着世界经济的日益发展，国际社会已经有能力积累起大量的发展资金，用于资助落后国家的发展。同时，国际社会还应当广泛地支持商业性资金向落后国家和地区的投资，尤其是在信贷担保和投资优惠等方面给予支持。

五、发达国家在维护世界安全中的责任和义务

在当今的世界舞台上，发达国家占据着主导地位。相应地，发达国家在维护世界安全与稳定方面，也应该承担应有的责任和义务。首先，发达国家有能力为维护世界稳定做出巨大的贡献。发达国家掌握着世界上的绝大部分财富，有能力应付各种武装冲突和局部战争。因此，在世界的政治和军事冲突以及各种恐怖主义活动中，没有发达国家的积极参与或干预，是不可能得到较好解决的。

其次，从历史上看，发达国家之所以能够繁荣发达，是与发展中国家的贡献和牺牲分不开的。发达国家利用其科技和经济优势，从发展中国家输入原材料和初级产品，同时向发展中国家输出高附加值产品，从中获取巨大的利益。发达国家还利用其在世界市场上的垄断地位，攫取高额垄断利润。可见，在世界市场竞争中，发展中国家总是处于不利地位，发达国家正是利用发展中国的这种弱势地位来获取更多的利益的。随着世界文明的进步，发展中国家和发达国家的地位越来越平等。反过来，发达国家应该为发展中国家承担更多的历史责任和义务。

再者，当今世界或局部区域不稳定，与大国之间相互争夺地缘政治利益和推行地缘政治战略是分不开的。在冷战阶段，以美国和苏联为代表的两大敌对阵营，各自构筑自己的势力范围，一些弱小的国家在各自的阵营中实际上处于准殖民状态。冷战结束后，许多弱小的国家由于先天不足和未能适应新的世界发展形势，出现了政治和经济上的不稳定，个别国家甚至走上了战争的道路。此外，世界上一些较敏感的地区，本质上需要某种制衡的力量来保持其稳态，而发达的大国则能够发挥其无可替代的作用。从这个意义上讲，发达国家（尤其是发达的大国）在维护世界安全和稳定中具有责无旁贷的责任和义务。

当然，发达国家发挥其在维护世界安全和稳定中的作用，必须是在遵守国际法和相关国际准则的前提下的善意行动，任何国家在任何时候都不能够打着维护世界安全和稳定的旗号采取损人利己的行动。同时，发达国家之间应该更多地采取合作而非竞争的姿态来齐心协力地处理国际事务，每一个国家都应该是对世界高度负责的理性的行为者。

六、发展中国家在维护世界安全中的作用

在维护世界安全和稳定中，发展中国家具有独特的地位和作用。无论是难民和贫困化，还是国际恐怖主义，都与发展中国家密不可分。其中，难民和贫困化都源自发展中国家，而国际恐怖主义的根源则主要来自贫困化和不同社会阶层的巨大差异。可见，落后、贫困和不平等是世界不安定和冲突的根源，而发展中国家在这些方面存在固有的不足。

为了减少和消除世界不安定因素，发展中国家首先应当加快改革步伐和推动社会经济发展。造成发展中国家落后的根本原因是制度创新不足，民主和法制体制不健全，缺乏一个高效、廉洁的行政体系，由此导致了市场体系不健全。因此，发展中国家应该竭力创造一个竞争性的市场环境，同时加快结构性改革，为经济腾飞创造良好的条件，这是解决一切问题的基础。

教育和科技落后也是制约发展中国家发展的重要因素。尤其是教育，它不仅是提高人的基本劳动技能和社会劳动生产率的根本途径，也是塑造完整人格和提升文明程度的基本要求。一般来说，如果一个

国家公民的教育和文明程度高，那么整个社会秩序和文明程度也会很高，这样社会就会和谐、稳定。反之，如果一个国家的教育和文明程度很低，那么就很难出现和谐、稳定的社会局面。因此，发展中国家应当在教育和科技等方面加大投资，国际社会也应该对发展中国家提供尽可能多的支持和帮助。

在发展经济的同时，发展中国家还应该关注社会公平与公正问题。一个社会如果出现严重的不公平、不公正，或者贫富差距过大，那么这个社会就会矛盾重重、摩擦不断。而当矛盾积累到一定程度的时候，就可能会爆发并导致社会冲突。许多国家的政治动乱或内战，都是由于社会出现严重的不公平、不公正，或者贫富差距过大所造成的。在全球化背景下，国家与国家之间出现严重的不公平、不公正，或者贫富差距过大，也有可能导致诸如国际恐怖主义等事件不断发生。有些发展中国家为了加快经济发展，往往会过多地强调经济效率，而忽视了社会公平和公正并导致了严重的贫富两极分化，最终引发社会的不稳定。这在非洲国家、南美洲国家和中东国家表现得很明显。事实上，叙利亚内部冲突的起因，多少与该国社会的不公平、不公正及由此所导致的严重的贫富两极分化有一定的关系。

综上所述，发展中国家应该更多地关注和处理好自身的问题，以减少和消除它给国际社会所带来的不安定因素。发展中国家的贫困化和社会的公平公正问题解决了，世界的不稳定因素就会自然消除，这将是发展中国家对世界安全做出的最大贡献。

七、联合国与世界安全

随着全球化的不断推进,国家与国家之间的相互依赖性日益增强。日益增进的国家与国家之间的政治和经济联系与交往，虽然有利于提高经济效率，但同时也可能会导致各种政治和经济利益矛盾的产生。特别是在日益发达的全球化背景下，人口的迁移和经常性流动的范围和频率越来越大。由于各民族之间的文化和价值观存在一定的差异，所以文化与价值观的碰撞甚至冲突在所难免，这为世界的稳定和安全带来了新的挑战。

现阶段联合国是唯一合法的维护世界和平与安全的国际性组织。联合国自成立以来，在军控与裁军、反恐与维和等领域发挥了积极的作用，为人类的和平与稳定做出了巨大的贡献。然而，20世纪中后期以来，世界的政治和经济形势发生了巨大的变化，冷战时期的那种战争威胁已不复存在，大规模的军事冲突的可能性已经很小。但是，国际恐怖主义的滋生和蔓延，已经对世界各国构成了极大的威胁。如何打击国际反恐主义，彻底消除恐怖主义滋生和蔓延的土壤和环境，已经成为新时期联合国的主要任务之一。

从联合国现有的组织结构、决策和运作机制看，联合国至少必须在功能结构上进行改革和完善才能适应新的反恐和维和形势。首先可以在联合国的组织结构框架下，设立一个跨国家间的反恐及相关情报的搜集、处理和交换的国际组织体系，为世界各国和相关世界组织与机构提供及时、准确的情报。因为国际恐怖主义活动已经超越了国界，任何一个国家都难以准确地掌握相关的情报，必须得到其他相关国家的支持和帮助，而由联合国机构统一来实施这项工作，将极大地提高效率和减少运作成本。实际上，随着信息技术和大数据技术的发展，在世界各国的积极配合下，联合国的反恐情报组织机构完全能够准确地掌握每个国家公民的出入境、迁徙、职业、居住、成长和交往信息，为联合国和世界各国打击恐怖主义活动提供依据。

其次是在联合国的协调和组织下设立一个具有一定规模的专门应对贫困化、难民、反恐及维和的基金。目前联合国及相关机构已经设立了一些零星的基金用于上述活动，但是难以满足应对各种事件的需求。以贫困化为例，贫困化与社会不安定和恐怖主义密切相关，只有彻底解决贫困化问题，各国和整个世界才能够和平与安宁。随着世界物质财富的不断增长，各国和国际社会已经有能力解决这一问题。特别是对于绝对贫困化人口，联合国应该协助相关国家和地区利用专门基金去帮助他们发展，直至彻底消除贫困化问题。对于类似于非洲等极端贫困的地区，主要应该利用联合国贫困基金来进行解决。事实上，对于极端贫困地区，仅仅依靠本国的力量是根本不可能解决贫困问题的，这是国际社会的人道主义责任和义务，也是人类共同创造一个和平与安宁的新世界的必然要求。

最后是适应新形势不断改革和完善联合国组织。最理想的目标是，将联合国改造成一个超国家的联合体，使联合国具有处理世界政治和军事事务的强大能力。欧盟可以成为联合国改革和完善的一个样板，美国联邦制中的一些有益元素也可以被借鉴和吸收。当然，将联合国改造成一个超国家的联合体将是一个长期的过程。不过，随着全球化和世界一体化发展，这一进程将不断加快，这是人类文明进步的必然结果。

第四章　后全球化过渡期中国的大智慧与大战略

第一节　开放中的中国与世界

一、中国已从封闭走向开放

改革开放前，中国一直实行的是计划经济体制和封闭式发展。由于体制本身的局限性，加之思想僵化和过度政治化，所以虽然社会经济有了一定程度的发展，但是总体上说十分落后，物质困乏，人们的生活极度贫困。改革开放以来，中国借鉴发达国家和新兴市场经济国家的发展经验，实行了市场经济体制和以公有制为主体的多种所有制并存的经济制度，社会经济获得了突飞猛进的发展，人民的物质生活水平得到了极大的提高。现阶段无论是城市还是乡村，到处都呈现一片生机盎然的发展景象，中国已不再是三十多年前的那个贫穷落后的国家。

中国自改革开放起，就开始逐步扩大同世界各国之间的经济交流。最初主要以引进外资为主，通过借用外债和中外合作与合资办企业等方式来进行建设。这在当时中国的资本、技术和人才十分短缺的情况下，为推动中国的基础设施和国民经济关键部门的建设做出了不可或缺的贡献。后来又逐渐允许外商在中国兴办独资企业，从而极大地解决了中国的资本和技术短缺问题。为了积累经验，中国在沿海地区建立了深证、汕头、珠海和厦门等经济特区，大力吸引香港、台湾地区和世界各地的商人来中国大陆投资和兴办企业。经过短短几年的对外开放和引进外资，中国沿海地区的经济获得了快速的发展。此后，引进外资从中国的沿海向内地逐步扩展，最终形成了全国性的引进外资风潮，外资对中国的影响也越来越大。

然而，在改革开放的早期，由于思想认识不足和旧的体制惯性的作用，外商投资被严格地限制在少数经济部门和行业，更多的经济部门和行业仍然禁止外商涉足。20 世纪 90 年代初中国正式确立了市场经济体制，此后外商投资的领域逐步扩大，最终形成了全面对外开放的格局。目前除了少数关乎国家经济和产业安全的领域外，外商可以在其他所有领域进行投资和经营。更为重要的是，中国加入世界贸易组织后，开始对外资企业实行国民待遇，外资企业已经可以和国内企业一样开展生产经营活动，而不再区别对待。同时，中国遵守向世界贸易组织所做出的承诺，大幅度削减关税，减少各种不合理的非关税壁垒，尽可能地为外商提供各种进出口和投资的便利。

中国全面开放的另一个重要标志是资本市场的开放。其实，中国早在 20 世纪 90 年代就已经实现了经常项目下的可自由兑换，其后逐步实现了资本和金融项目下的有条件兑换。同时，人民币国际化进程在不断加快，已经初步实现了人民境外结算制度，而且范围在不断扩大。2016 年 10 月 1 日人民币已经正式成为国际货币基金组织（IMF）创设的特别提款权（SDRs）定值的篮子货币之一，这极大地提升了人民币的国际地位，为人民币最终完全成为国际化货币创造了条件。实际上，除了少数金融部门仍然存在一定程度的限制外，目前中国的资本市场的开放程度已经接近发达国家的水平。总体来说，现阶段中国的经济已经完全和国际接轨，已经不存在任何实质性的交往和合作障碍，这充分说明中国的市场经济已经成熟和日益发达。

中国不仅引进外资，而且自 20 世纪 90 年代以来全面推动了"走出去"战略。中国企业国际化发展势头很猛，中国对外投资兴办企业的规模越来越大，从地域上看已经遍布了全球各个地区。中国不仅大举向非洲、亚洲和南美洲等发展中国家进行投资，而且向美国、加拿大和欧盟等发达国家和地区进行投资。中国的对外投资不仅获得了自身的利益，而且还带动了当地经济和社会的发展。比如，中国对非洲国家的铁路投资和建设，极大地改变了当地的基础设施极端落后的状况，带动了当地的国民经济发展，提高了居民的就业和收入水平；中国在向非洲援建铁路的同时，还为当地培养了大批的技术和管理人员，为它们的长远发展奠定了基础。中国企业对外投资和国际化发展，不仅说明了中国的经济和技术水平已经达到了较高的水平，而且也表明中国已真正融入到国际社会，已经成为国际社会大家庭中不可或缺的重要成员。

二、中国的市场经济已取得巨大成就

（一）经济快速发展

改革开放以来，中国的经济取得了巨大的发展。中国的经济总量已经仅次于美国，成为世界第二大经济体。人均国内生产总值虽然仍比较低，但是也已经达到或接近世界中等国家的水平。城乡居民的购买力增长很快，人们的物质和文化生活得到了极大的改善。相比于改革开放前，中国的社会和经济已经发生了翻天覆地的变化。近几年中国的经济增长速度虽然有所放缓，但是经济增长率仍然保持在 7%以上，经济仍然保持着强劲的发展势头，远远超过发达国家的增长。

在经济总量增长的同时，中国的经济结构也发生了巨大的变化。中国已从农业国发展成为现代化的工业化国家，农业、工业和服务业三大产业之间的比例结构日趋合理。特别是服务业发展迅速，在总体产业结构中所占的比重上升很快，在整个国民经济发展中发挥了十分重要的作用。工业结构也渐趋合理，彻底摆脱了计划经济时代所造成的畸形结构。更为重要的是，工业发展质量和效率显著提高，高技术和高附加值的行业和部门已成主流，一个现代化的工业体系已经完全建立。自农户经济体制建立以来，中国的农业发展进步很快，粮食生产从计划经济体制时期的严重短缺转变为充足供应，彻底解决了人们的吃饭问题。现阶段虽然中国的经济结构仍然存在着诸多的问题和不足，但是总体来说已经接近发达国家的水平。

中国地域辽阔，各个地区之间的自然和社会经济条件差异较大。

改革开放后的较长一段时期内，由于沿海地区先行采取了开放政策和大量引进外资，所以发展很快。相对而言，内陆地区由于固有的思维和政策与体制惯性，发展相对较慢，导致沿海和内陆地区的发展差距越来越大。20 世纪 90 年代中后期，中央采取一系列政策措施来推动内陆地区发展，加之沿海地区的产业自发地向内陆地区转移，极大地推动了内陆地区的社会经济发展。目前除了少数自然条件特殊的边疆地区仍然比较落后外，内陆地区的社会经济发展水平也已经很高。这对于中国这样的地域差异较大的大国来说，实属了不起的成就。当然，现阶段来说，中国的地区发展差异仍然显著，西部地区明显地落后于沿海和东部地区，但是西部地区所取得的社会经济成就也是有目共睹的。

　　城乡二元经济始终是困扰中国发展的难题。中国自改革开放以来一直试图解决这个问题。首先是通过农业改革和大力推动农业和农村发展来缩小城乡差距。实践证明，中国的农业经济体制改革是十分成功的，在短短的几十年里就使中国农村的面貌发生了巨大的改变。在推动农业改革和发展的同时，中国也在大力推动农村工业化和城市化发展。一些工业化和城市化发展较快的农村地区，经济发展很快，农村面貌发生了彻底的改变,少数地方甚至已经超过了城市的发展水平。农村工业化和城市化发展极大地缩小城乡之间的差距。总体来看，虽然现阶段中国的城乡差距仍然存在，但是那种早期的城乡之间的鸿沟已经彻底被消除。可以预见，随着新一轮的中国城镇化发展，中国的城乡二元经济结构终将被完全消除。

（二）市场体系逐步完善

改革开放前，中国一直实行的是计划经济体制，所有的经济资源都是通过行政化的手段来进行配置的，就连个人和家庭（尤其是城市居民）的衣食住行等生活必需品也由国家按计划统一分配。除了农村地区零星的小商品市场和城乡黑市市场外，中国实际上已经不存在正式的商品与市场交换。特别是在"文化大革命"时期，甚至农村地区的零星小商品市场也被取缔。改革开放后，中国开始逐步恢复商品交换与市场经济，最终建成了社会主义市场经济体系，为中国经济复兴和强盛创造了条件。

中国的商品经济和市场体系发育与成长首先是从农村的农产品和农业生产资料交换开始的。在改革开放早期，农业部门是改革最为成功的领域。因为农业部门与大自然联系密切，生产和管理分散，适合以家庭为单位作业，所以农业实行家庭承包制以后，农产品产量迅速增长。由于农产品剩余越来越多，农户便将剩余的农产品拿到集市上进行交换，于是巨大的农产品交易市场便逐渐形成了。同时，农业生产需要农业生产资料支撑，所以农产品市场的发展又带动了农业生产资料市场的发展。此外，剩余农产品的出现也为农产品加工和轻工业发展提供了丰富的原材料，所以促进了农产品加工业和轻工业的发展和商品交换，最终导致了一个以农产品及其交换为中心的商品市场体系的形成。

　　扩大企业经营自主权是推动工业品交换和工业品市场发展的基础。在计划经济体制时期，中国的企业都是国有企业和集体企业，一切的生产经营活动都由主管部门决定，所生产出的产品也都由国家统一分配，实际上不存在商品交换和市场。改革开放后，国家开始扩大企业的经营自主权，并逐步允许企业进入市场进行交换，于是工业品市场逐步活跃起来。与此同时，国家开始加快市场基础体系建设，制订和完善市场法规体系，消除一切阻碍市场发展的制度与体制因素。经常长期不懈的努力，20 世纪 90 年代末中国的工业品市场体系逐步成熟和完善，并和农产品市场体系有机地联为一体，构成了完整的市场体系。至此，中国的基本的商品市场体系正式建立。

　　在培育和完善商品市场的同时，中国还在竭力培育要素市场的发展。首先，中国一直在不遗余力地推动金融市场的发展。资金是经济运行和发展的血液。由于中国实行的是以银行为导向的融资制度，所以中国金融的市场化主要表现在银行经营的市场化。从现阶段，看中国的银行业已经基本实现了市场化，中国的货币市场已经基本形成。同时，中国从改革开放的一开始就在积极地发展证券市场，目前中国的股票市场已经达到了较大的规模，并逐步与国际股票市场接轨。其次，中国也一直在培育和发展劳动力市场。私营企业一开始就实行市场化用工，即使是国有企业雇佣职员也都实行了公开化招聘。大学毕业生已经完全取消了国家分配制度，实行自主择业。随着公务员和事业单位的养老和医疗保障制度的社会化改革，中国的人力资源配置将完全走向市场化，劳动力和人才市场也将日益成熟和完善。

（三）综合竞争力增强

改革开放几十年来，中国的综合竞争力日益增强。虽然在各种国际排名中，中国的综合竞争力并不靠前，基本处于中等水平，但是与改革开放初期相比，已经出现了飞跃式发展。尤其是在某些方面的国际竞争力，已遥遥领先于其他发展中国家。

首先，中国的科技水平和创新能力显著上升。改革开放以来，中国大力发展教育，加大对科技和教育的投入，极大地提高了国民的教育水平和科学素质。特别是高等教育和科学研究领域，由于国家持续不断地加大投入，使得国家的整体科技水平迅速提高。中国已经从改革开放初期的引进和模仿国外的先进技术，开始转向自主研发和自主创新的道路。现阶段不仅在一般的应用生产技术和通用技术方面已经具备完全的自主创新能力，而且在许多尖端技术领域也开始走在世界的前列。中国在高铁技术、航空航天技术、电子信息技术、建筑与工程技术以及医药与生物技术等诸多方面，都已经取得了举世瞩目的成就。中国对世界科技的影响力也越来越大，可以说中国已经成为一个名副其实的科技大国。

其次，中国的企业已经表现出了强大的对外竞争力。中国已经从改革开放初期的单纯的引进外资，开始向国外大举投资。无论是民营企业还是国有企业，都已经以国际市场为重要目标，开始在国际市场上进行竞争。中国已经出现多起并购发达国家企业的例子，中国对发达国家的投资也已经遍布各个行业和领域。中国对发展中国家的投资更是规模巨大，特别是在铁路、公路和水电等基础设施建设方面，中国企业明显具有多快好省的优势，深受非洲和南美洲等国家的欢迎。其实，中国制造和中国商品已经遍布世界市场，这充分表明中国的企业及其产品已具有较强的国际竞争力。

最后，从发展模式看，中国已进入了创新驱动阶段。按照波特（Michael E. Porter, 1990）的观点，一国的竞争优势一般要经历要素驱动、投资驱动、创新驱动和财富驱动四个阶段。[①] 其中，要素驱动和投资驱动与较低的产业技术水平相对应，而创新驱动则表明一国已经具有了较高的产业技术水平和创新能力。现阶段中国已经超越了要素驱动和投资驱动阶段，而进入了创新驱动阶段。事实上，类似于联想、华为和中铁等大批国内高新技术企业，已经在技术研发、产品开发和市场推广方面具有了很强的国际竞争优势，它们对世界市场的影响力越来越大。随着中国对科技投入的不断增大和科技水平的不断提高，中国的高新技术企业无论在企业数量还是创新能力方面，无疑都将会出现新的飞跃。

三、中国已在世界发展中发挥了巨大的作用

中国是一个具有全球影响力的发展中大国，它对国际经济和政治等各个方面必然会产生重大的影响。首先，中国是世界人口最多的发

---

① 迈克尔·波特. 国家竞争优势（中译本）. 北京：中信出版社，2007：569-630.

展中大国，目前中国的人口约占世界总人口的六分之一。因此，仅从人口一个方面来看，如果中国能够解决国人的生存和发展问题，那么它对世界的贡献是十分巨大的。事实上，经过几十年的发展，中国人民的物质和文化生活水平已经得到了很大的提高，很大一部分人口基本上已经实现了小康目标。不仅如此，中国的绝对贫困化人口已大为减少，而且国家和地方政府仍在努力采取措施，试图完全消除最后的贫困化人口现象。中国能够在较短的时间内大规模地减少贫困化现象，这在人类发展史上已经创造了奇迹，所以对世界人类社会发展做出了巨大的贡献。

中国是世界上吸引外资最多的国家之一，已经成为世界经济发展的重要推动者。改革开放以来，中国已经成为世界上最重要的新兴投资场所之一。大量的国际资本到中国投资，不仅带动了中国经济的发展，而且也为投资国创造了极大的利益和财富。特别是改革开放以来，中国丰富的劳动力资源和低廉的劳动成本，为国际资本在中国的投资和获取高额利润创造了极好的条件。自 20 世纪 80 年代以来，中国已逐渐发展成为世界的加工厂，世界上几乎所有的跨国公司都在中国进行投资和兴办企业。20 世纪 90 年代以来，世界经济多次出现了萧条或危机，正是由于存在中国这样的良好的投资场所，才减缓了世界经济的衰退。可见，中国已经成为推动世界经济持续发展的重要力量。

作为世界上人口最多的发展国家，中国的强劲的市场需求对推动世界经济发展具有不可估量的作用。近年来，国际媒体上经常出现中国的节假日带动了日本、韩国等国家的消费，不少商家在短短的几天内销售额达到了多少亿等新闻。这说明中国的消费对世界经济有较大的影响。由于中国的人口基数较大，所以中国人到国外旅游对当地的旅游服务业必然会产生显著的影响。不仅世界旅游业受到中国的影响较大，实际上中国一直是世界上最大的出口国和进口国之一。中国的石油和天然气等原材料需求规模较大，其中的比较大的一部分需要依赖进口，为调节和稳定世界石油价格做出了贡献。中国每年从世界粮食市场上进口大量的粮食，在一定程度上缓解了世界上粮食供过于求的矛盾。总之，中国的进口需求对拉动世界经济持续发展具有十分重要的作用。

中国是联合国常任理事国，在联合国的重大决策上具有影响力和否决权。二战以来，整个世界主要由西方大国所主导。由于历史和现实的原因，不同的国家都有自己的势力范围和利益之所在，所以在国际冲突及相关国际事务处理上，难免会存在不公正的现象，有时会导致事情越来越复杂。比如现实的叙利亚问题，国际上多种利益集团交织在一起，导致叙利亚问题日趋复杂而难以解决。与西方大国不同，近些年来中国在联合国处理国际事务上一直秉承公正的立场，竭力反对和阻止霸权主义和强权政治的侵扰，为发展中国家争取了应有的权益，维护了世界的公平与正义。

随着国力的不断增强，中国积极参加联合国的维和行动，近年来已经成为联合国维和行动的重要贡献者。"目前中国是联合国安理会五个常任理事国中派出维和人员最多的国家，也是联合国维和行动的第二大出资国。据联合国的数据显示，目前中国共派出 3000 多名维和人员在南苏丹、黎巴嫩、马里等地执行维和任务。2016 年至 2018 年，中国将承担 10.2%的维和摊款，仅次于美国。"①可见，中国已经是维护世界和平与稳定的重要力量，随着经济和军事力量的日益强大，中国将会在维护世界和平与稳定中做出更大的贡献。

四、世界的发展离不开中国

在当今的世界上，中国已经成为一支不可或缺的新兴的重要力量。中国的发展需要世界，同时世界的发展也离不开中国。首先是因为中国是世界大家庭中的重要一员。中国的人口约占世界人口的六分之一，中国的国土面积在世界各国中位于前列，中国的进出口贸易总额位居世界第一，中国的经济总量仅次于美国而成为世界第二大经济体，不久的将来有望成为世界第一大经济体。从这些基本数据可以看出，中国在世界发展中具有极其重要的地位和作用。如果离开中国，世界的发展是不可想象的，更是很难成功的。事实上，自古以来中国就在世界上扮演了重要的角色，中国古代的四大发明影响了全世界，中国古代的丝绸和瓷器曾经对于推动世界文明的发展发挥了不可估量的作用。明朝以后，中国虽然渐趋衰落，但是仍

---

① 中国是联合国维和行动的重要贡献者. [2016-10-08]网易新闻. http://news.163.com/16/0530/12/BOAJ839400014SEH.html.

然是世界各国瞩目的重心。当今的中国对世界的影响力已经越来越大。

从世界经济发展方面看，在世界多个经济增长极中，美国、欧盟和日本等发达国家和地区虽然在世界经济发展中仍然具有显著的地位，但是由于它们的增长基数已经较大，所以现阶段基本上已经进入了指数衰减增长阶段。再者，这些发达国家的另一个内在不足是，人口基数相对有限，这就决定了它们的市场需求难以出现大规模的快速扩张。此外，这些发达国家大都进入了人口老龄化阶段，日本尤其突出，这也制约了它们的发展空间。与美国等国不同，中国首先是人口基数较大，因而市场需求潜力巨大；其次是中国经济正进入一个增长的黄金期，并且这一黄金期还将持续一个相当长的时间。可见，未来中国将成为世界经济的一个重要的增长极。实际上，早在 20 世纪中后期，中国就已经在世界经济增长中显示了其特殊的作用。1998 年东亚金融危机导致了世界经济严重衰退，当时大多数国家都深受其害而发生经济萧条，中国也多少受到影响，但中国政府出于对世界经济稳定的考虑，没有采取贬值的措施，为世界经济的稳定和发展做出了巨大的牺牲。2008 年美国发生金融风暴，导致世界经济再次陷入困境，中国仍然为防止世界经济的严重衰退做出了贡献。

二战结束后的相当长的一段时间，国际政治和经济秩序主要是由美国主导的。冷战时期虽然世界形成了苏联和美国两大阵营，但是总体上看以美国为首的阵营仍然占据相对优势地位。20 世纪 80 年代以来，随着苏联的解体和冷战状态的结束以及美国的经济和军事实力有所下降，特别是新兴市场经济国家的崛起，使得早期的那种美国独霸世界的格局被彻底打破，世界从原来的两极逐步走向多极化。然而，国际政治多极化虽然给发展中国家带来了利益，但同时也使得国际社会更加不稳定，这就需要世界各国共同担负起责任，以应对各种挑战。中国不仅经济和军事力量已日益强大，而且是个负责任的大国，有能力在国际政治舞台上发挥更大的作用。特别是亚洲和亚太地区的国际事务，更是离不开中国。

世界科技的创新也离不开中国。目前世界科技创新已进入了攻坚阶段，许多重大的科技创新活动需要巨大的投入，而这种巨大的投入不是一个国家能够承担得起的，这就需要由世界多个国家共同参与完成。比如，由中国、美国、俄罗斯和法国等国家共同投资建设的国际热核聚变实验堆 ITER（俗称"人造太阳"）项目，就是一个典型的国际科研合作项目。它旨在为人类提供清洁能源，共同造福人类。相对于小国，作为一个大国，中国有能力建设一些大型的科研项目。中国不久前完成安装的世界最大单口径射电望远镜，不仅供中国科学家使用，还将向全球科学家开放，使之成为开展国际合作研究的平台。这对世界科技发展无疑具有巨大的促进作用。随着中国的经济和科技日益增强，世界的科技创新越来越离不开中国，中国也将为世界的科技进步做出更大的贡献。

第二节　世界格局重塑与中国的大国责任

一、世界格局重塑为中国提供了良好的契机

（一）契机之一：世界格局重塑为中国参与国际事务提供了机会和舞台

世界格局重塑的本质是世界主导权在不同的大国或地区之间的重新分配，而这种权力的分配则是基于各国综合实力的自然消长。二战后一段时间内，美国一直是世界上经济和军事实力最强的无可挑战的巨无霸国家，所以美国成为了世界的领袖和实际主导者。然而，自 20世纪 80 年代开始，随着日本等发达国家以及一大批新兴市场经济国家的迅速崛起，特别是欧盟的成立，美国在世界经济中的相对低位有所下降，世界政治和经济格局也日趋多元化。

虽然世界格局变化的方向具有诸多不确定性，但是毫无疑问发展中国家在国际事务中的影响力将越来越大。而在发展中国家中，中国、俄罗斯、印度、巴西和南非等发展中大国的作用将更加突出，它们的经济总量不久将会超越美国。更为重要的是，这些发展中大国人口众多、地域辽阔，经济发展的潜力与后劲巨大。因此，如果这些国家联合起来、加强合作，那么无疑将对现有的世界经济格局产生重大的影响。

中国是最具潜力的发展中大国。一方面，中国可以利用自身的经济和巨大的国内市场优势来积极地参与国际竞争，以期在世界市场竞

争中获得有利的地位；另一方面，中国可以加强同俄罗斯、印度、巴西和南非等发展中大国的合作来争取国际平等权益，彻底摆脱被发达国家支配的被动局面。由于发展中国家同样处于被支配的地位，所以中国在国际事务中争取平等权益的行为，必然会得到大多数发展中国家的支持和理解。

（二）契机之二：世界格局重塑有利于中国掌握战略主动权

世界格局重塑的核心是推动世界秩序朝着更加公正、合理的方向发展，以更好地维护广大发展中国家的利益。中国应该抓住这个机遇，顺势而为，掌握战略主动权。现阶段中国应该积极参与和主动承担国际货币基金组织和世界贸易组织等国际经济组织的事务，努力推动国际货币体系和国际贸易环境与组织体系改革。特别是在以国际货币基金组织为代表的国际金融机构已经暴露出了许多不足的情况下，如何改革国际货币体系成为各国关注的焦点问题之一。中国应该利用这个机会做些力所能及的工作，以使国际货币体系能够适应新的世界经济与金融发展形势。目前人民币已经成为国际货币基金组织创设的特别提款权的篮子货币，这标志着中国对国际货币体系的影响力增大。中国应该利用这个机会来做更多的工作。

在世界格局重塑的大背景下，中国应当在全球治理体系改革与重构中大有作为。现有的全球治理体系与规则已经不适应新的国际发展形势，必须进行全面的改革和完善，以使其朝着公正、合理、有序、灵活、高效的方向发展。当前发展中国家在全球治理制度安排中没有得到应有的尊重和地位，发达国家居于垄断优势地位，发展中国家的权利没有得到应有的保障。中国可以利用这个机会，全面推动全球治理体系的改革与重构，并在新的全球治理体系中取得与大国相称的地位和权力。随着中国的综合国力日益增强，中国的国际声誉和国际领导力也在不断地提升，中国在引领世界发展中的作用也将更大。

中国应当在推动本地区发展和维护本地区的和平与稳定等方面发挥更大的作用。亚洲地区是当今世界上发展活力最强的地区之一，不少亚洲新兴市场经济国家的发展水平已经接近发达国家。中国不仅本身是亚洲地区发展最快和实力最强的国家之一，而且和周边国家建立了密切的关系，所以中国有能力在亚洲新秩序重建和亚洲一体化发展方面发挥主导和推动作用。中国还可以利用亚洲振兴和亚洲治理体系重构的机会来推动欧亚关系和亚太关系的进一步发展，由此来提升中国和亚洲地区在世界中的地位和作用。现阶段中国已经提出了"一带一路"的倡议和构想，并成立了亚洲基础设施投资银行来推动其发展，极大地提升了中国在亚洲地区的影响力。未来中国应当在积极推动亚洲一体化发展方面发挥更大的作用。

二、中国的后发优势

（一）后发优势之一：良好的经济基础与巨大的市场潜力

中国虽然仍是一个发展中国家，但是经济发展已经达到了较高的水平。首先，中国的经济规模较大，国内生产总值已位居世界第二，是仅次于美国的世界第二大经济体。中国的人均国民生产总值也已达到了世界中等水平。改革开放以来，中国的经济一直以较高的速度增长，20世纪90年代末期以来经济增长速度虽然有所降低，但是大多数情况下仍然以超过7%的速度增长，这在世界发展史上已属罕见。即使以现有的经济增长速度，在一个不太长的时期内，中国的经济规模总量必将超过美国而成为世界第一大经济体。

其次，中国已经建成了一个较为完备的产业体系。经过改革开放几十年来的发展，中国的工业部门发展较快，目前已经形成了一个较为合理的工业体系，包括冶金、煤炭、石油、电力、化学、材料和机械等在内的基础工业体系已经建立并日趋完备，加工和制造工业发展很快，中国实际上已经成为了"世界工厂"。中国的服务产业发展很快，生产性服务业已经基本能够满足工农业生产发展的需要，消费性服务业发展更快，极大地满足了人们的物质和文化生活需要。特别是在国民经济总产值中，服务业总产值的比重显著上升。在现代化发展中，农业的天然弱质性决定了它总是处于不利的地位，然而改革开放以来中国的农业得到了快速的发展，农产品产量和质量都有了大幅度的提高，已经能够完全满足中国十多亿人口对农产品的需求，农村的社会经济也因此得到了发展。

最后，中国的城乡和区域经济差距正在缩小。城乡二元经济矛盾始终是最难解决的社会经济问题之一，目前中国虽然没有完全解决这个矛盾，但是中国城乡之间的差距正在缩小，绝大多数的农村地区已经解决了温饱问题，不少地区农村已经提前达到了小康水平，个别地区农村的发展水平已经超过了城市而实现了现代化。中国的区域差距也在逐步缩小，不少中部地区已经赶上了东部沿海发达地区，几乎所有的中部地区都已经达到了中等或中等以上发展水平；大部分西部地区也已经摆脱了极端贫困落后的面貌，少数西部地区的发展水平已经达到了发达的程度。中国的城乡之间和区域之间差距的缩小，不仅意味着经济发展质量和效率在提高，更重要的是它极大地减少了社会经济发展的矛盾，有利于推动中国的社会经济向更高的目标前进。

除了良好的经济基础外，中国还具有巨大的市场潜力。首先是中国的人口规模大，而且人口还在不断地增长，庞大的人口规模意味着巨大的市场需求。其次是现阶段中国的人均消费水平低，与发达国家相比还有很大的提升空间。可见，即使是现阶段中国的市场需求潜力也是十分巨大的，而且随着中国社会经济的发展，中国的市场需求还将出现一个快速的增长。经济发展的原动力来自于消费，中国的国内市场需求潜力大，意味着中国发展的潜力巨大。有学者推测，中国经济的快速发展还将持续至少二三十年。即使不考虑科技进步等其他因素，仅仅从国内市场需求潜力方面看，这种推测也是有道理的。

（二）后发优势之二：坚实的技术创新和产业发展基础

经过改革开放以来几十年的发展，目前中国已经建立起了一个较为完备的科技创新体系。中国已经建立起了以中国科学院等为代表的一大批高水平的国家级科研机构以及众多的高等教育机构，并建立起了以北京正负电子对撞机、可控核聚变实验装置（EAST）和五百米口径球面射电望远镜（FAST）等为代表的一大批高科技基础设施。虽然与发达国家相比，中国的科研水平和创新能力还有较大的差距，但是近些年来中国的科研产出和发明专利增长得很快，这表明中国已经具有了一定规模的人才、知识和科技存量，具备了一定的科技创新能力，中国科学家在世界上的影响力也越来越大。可以预见，随着中国科技和高等教育体制的不断改革，中国的科技创新潜力终将被激发出来，届时中国将由科技大国转变成为科技强国。

由于科技的发展，中国产业发展的技术基础已经初步建立。首先，从总体上看，中国工业的发展已经从改革开放初期的粗放式发展转变为集约式发展，这表明中国的工业技术水平已经得到了很大的提升。其次，中国的高新技术产业发展很快，在工业发展中已经占有了一定的比重，大量的高新技术产业发展将有利于带动整个产业技术进步。最后，目前中国正在大力推动产业升级和提高产业的信息化水平，加快利用现代信息化技术来改造传统产业和技术落后产业，并且取得了显著的成效。从现有的产业技术革新方面看，经过国家较长时期的政策支持和行政推动，现阶段中国的产业技术革新和升级已经能够完全依靠市场机制的作用而进入到自发推进的阶段，这本身就说明至少大多数产业已经具备了一定的技术创新基础和能力。

中国的技术创新和产业发展的潜力还在于，中国具有世界上最大规模的高素质的人力资源储备。中国早已普及了基础教育，高等教育也已经实现了大众化,为中国未来的发展奠定了良好的人力资源基础。更重要的是,由于国家不断加大对高等教育的投入,目前已经培养出了大批的受过专门训练的高级技术和管理人才,这将有力地支撑技术创新和产业发展。随着中国高等教育体制和人才培养机制改革的不断深化,中国的高等教育人才培养质量也将不断地提高,这将更加有利于推动中国的技术创新和产业升级。

（三）后发优势之三：较大的制度创新和体制转轨空间

经过几十年的改革开放,中国的经济体制已经从原来的计划经济体制,转向市场经济体制。经济制度也从原来的纯粹的公有制经济,转向以公有制为主体、多种所有制并存的多元所有制经济。与新的经济制度和经济体制相适应,中国的企业也从原先的单一的国有企业,转向兼含国有企业、私营企业和外资企业等的多元化的企业组织形式。不仅如此,即使是国有企业,也不再实行原先的行政化的生产经营方式,而是走向市场,实行市场化生产经营方式。通过一系列的制度和体制改革,中国的经济活力显著增强,经济效率和经济发展质量也在不断提高。

然而,与发达的国家相比,中国的经济制度和经济体制还相对落后,改革和创新的空间还很大。首先,在整个企业组织体系中,国有企业仍然占有较大的比重,而且几乎垄断了国民经济的各个行业。但是从世界各国的经济实践看,国有企业的效率总是低于私营企业。除了国有企业的委托-代理机制不健全的原因外,主要还是因为相对于私营企业,国有企业一般会承担更多的社会责任,这也是国有企业之所以需要存在的主要原因之一。反过来说，对于更注重效益和效率的行业和领域来说，国有企业则不应该介入，而应当完全由私营企业来进行生产经营。如果按照这个标准，目前中国的国有企业的比重过高，改革潜力较大。因此，显著降低国有企业和国有经济的比重，将是未来中国经济改革的重要方向之一。

其次，中国的宏观经济管理体制仍然具有较大的改革余地。主要的症结在于，政府对企业的管理更多地采取的是行政化和人治化方式，而非严格的市场化和法制化方式，这就给相关官员的寻租和腐败提供了条件。同时，也给不法企业的投机钻营提供了土壤。因此，全面改革宏观经济管理体制，构建一个法制化政府和行政管理体系势在必行。实际上，无论是中央层面还是地方层面，经济管理体制改革的余地都很大，而一旦实现了法制化改革和管理，将会极大地激发微观经济主体的活力和效率，从而创造出新的经济奇迹。

除了上述经济体制改革外，中国的政治体制、行政体系与体制、法律制度与司法体制、文化体制和社会管理体制等诸多方面都存在进一步改革和完善的地方，这些方面的改革和创新无疑将有利于激发整个社会和经济的活力和效率。

三、中国的大国责任

（一）积极维护世界和平与稳定

积极维护世界和平与稳定是世界各国共同的责任。作为一个负责任的国家，中国应当做出更大的贡献。首先，虽然中国仍是一个发展中国家，但是中国是一个经济规模仅次于美国的大国。就经济和军事实力来说，现阶段中国已经有能力参与各种维护世界和平与稳定的行动。实际上，近些年来中国已经多次参与联合国的维和行动，为世界的和平与稳定出了巨大的贡献。随着中国的经济和军事实力不断增强，中国应该更多地参与国际维和行动，以帮助冲突地区尽快恢复政治、社会和经济秩序，减轻当地人民的痛苦。

中国在维护世界和平与稳定中的另一个作用是，为减少和消除国际或地区冲突做出了不懈的努力。与带有明显的侵略性或殖民性倾向的国家不同，中国是一个爱好和平的国家，不对世界上任何一个国家或地区有所企图，与其他国家也不存在根本利益的冲突。因此，当世界其他地区出现潜在的冲突时，中国可以利用自己的影响力来尽可能地化解矛盾、消除冲突。实际上，中国在处理与周边国家的领土纠纷问题中，已经表现出了极大的善意与谦让态度，为维护亚太地区的稳定和繁荣做出了巨大的牺牲。这也充分表明，中国渴望世界和平与稳定，希望能够为人类的发展做出更多的贡献。

（二）实施人道主义援助

在当今，和平发展、和睦相处已成为世界发展的主旋律。然而，局部地区的冲突与战争仍在所难免。例如，非洲国家的连续内战造成了数百万人的丧生，阿富汗的多年战争及战争结束后不断发生的恐怖主义活动给人们造成了极大的灾难，阿富汗和叙利亚战争让无数难民

流离失所，等等。除了战争因素外，地震、飓风、火山爆发、洪涝等
自然因素也造成了难民的经常大量存在。对于这些战争或自然因素的
无辜受害者，中国应当和国际社会一道施予援手，为他们提供尽可能
多的帮助，这也是中国应尽的义务和责任。

实际上，中国是一个具有实施人道主义援助传统的国家。即使是
在中华人民共和国成立早期的艰难困苦时期，中国也对一些亚非拉国
家进行过人道主义援助。改革开放后，随着经济实力的不断增强，中
国对非洲、南美洲和亚洲等许多极端落后国家进行了大面积的人道主
义援助，得到了这些国家的普遍赞誉。除了直接的人道主义援助外，
中国还通过其他形式对落后国家进行了间接的援助。例如，帮助落后
国家兴建基础设施，通过合作的方式帮助落后国家培训技术人才，减
免落后国家的债务，向疾病肆虐的国家派出医疗卫生人员，等等。目
前中国已经成为世界上对外援助最多的国家之一，中国也因此在国际
上获得了良好的形象。

（三）打击恐怖主义

恐怖主义在各个时代都存在，但是自 21 世纪开始以来恐怖主义活
动日益频繁和猖獗。2001 年美国发生的"9·11"恐怖事件标志着恐
怖主义进入了一个新的阶段，以"基地"组织、"伊斯兰国"等为代表
的恐怖主义组织已经到渗透到世界各个地方，成为了名副其实的国际
恐怖主义组织。更为可怕的是，恐怖主义组织成员来自世界八十多个
国家，成员人数和组织化程度也达到了空前的规模，国际反恐形势十

分严峻。中国也遭受了恐怖主义危害，国内已发生了多起恐怖主义事件，造成了多人伤亡。因此，中国防范和打击国际恐怖主义不仅是为了履行国际责任，也是保障国内安全的需要。

防范和打击恐怖主义的关键是世界各国团结起来，共同构建一个严密的国际反恐网络体系和应对机制。特别是在信息收集与分享、恐怖融资监控、边境管控、网络系统监管、极端意识形态与思想传播管控等方面，国际社会应当达成共识并加强合作。中国应当加强和联合国安理会在反恐方面的广泛合作，并推动国际反恐机制的构建和有效运作。目前国际恐怖主义对中国的最大威胁是向中国传播极端主义意识形态与思想，鼓动国内少数宗教极端分子参加"圣战"或在国内实施恐怖活动。因此，中国应严密防范和严厉打击国内恐怖主义，坚决铲除恐怖主义滋生的土壤和环境。

（四）支持和帮助落后国家发展

支持和帮助落后国家发展，包括经济与技术援助和能力建设两个方面。极端落后国家很容易陷入贫穷累积恶性循环陷阱，必须从外部注入要素才能够走出困境，所以对落后国家进行支持和帮助是十分必要的。

为了尽快摆脱贫困落后面貌，在短期内必须对落后国家进行必要的经济与技术援助。经济与技术援助包括无偿援助和有条件援助两个方面。由于贫困落后国家基本的生活物资匮乏，人们的基本生活难以维持，所以对它们无偿提供一定的物资、资金和技术，以帮助它们恢复生产和解决眼前的生活困难是十分必要的。但是，贫困落后国家摆脱落后面貌的关键，还是要大力进行基础设施建设和推动关乎国计民生的关键经济部门发展。由于这些方面需要的投资大、建设周期长，所以采取有条件援助方式（如合作建设、合作开发和合资经营等）更合适。

经济与技术援助只是治标措施，要彻底解决贫困落后国家的落后状况，必须要帮助落后国家进行发展能力建设。发展能力建设包括的内容很多，概括起来说，主要是教育与人才培养和资本形成能力培养两大方面。具体地说，除了上面所说的基础设施建设和关键经济部门发展外，还包括教育与人才培养、科技创新体系的形成、企业家培养、原始资本的积累与资本形成能力的形成、市场体系的形成、农业的发展、基础工业的发展、国家治理结构的改革和完善等。这些方面都是一国发展所必备的基本条件，只有这些条件具备了，落后国家才有可能真正发展起来。

第三节　以中国智慧引领世界潮流

一、胸怀世界与韬光养晦

在当今的全球化大背景下，世界各地的人们都已经成为"地球村"的居民，人与人之间的距离仅仅是一个空间地理概念，而实际上无论是在何时何地，人们都可以通过互联网和手机等通讯工具进行及时的联系，而无任何障碍。随着信息通讯技术、物联网和视频通讯技术的发展，人们之间的距离将进一步拉近。同时，随着全球化发展，世界各国对外开放的程度也将不断提高，不仅商品和资本流动将实现自由化，而且人员流动也将实现自由化，一个一体化的"大同世界"将逐步实现。

中国自古以来就是一个包容性和开放性极强的国家，中国古代的科技（如"四大发明"等）和商品（如丝绸和瓷器等）早已遍布全世界，对世界文明的发展产生了巨大的影响。可是近代以来，由于统治者的目光短浅，一度采取了闭关锁国的态度，致使国家日趋衰落。改革开放以来，中国重新开启了对外开放之门，逐渐融入了世界大家庭，为中国的繁荣昌盛奠定了基础。实践证明，任何国家或地区都不可能孤立地发展，闭关锁国必然落后挨打，而对外开放则利己利人、受益无穷。

当今的世界是一个多极化的激烈竞争的世界，一国对外开放在获得较大利益的同时，也可能面临着巨大的风险。比如，国家安全、经济与产业安全、民族文化与价值观受到冲击，等等。正因为如此，全球化进程曲折艰难，甚至一度出现了停滞不前的困境。中国是一个大国，虽然对外开放可能会面临更多的风险，但同时也能够获得更多的利益。这是因为，在主权国家存在的情况下，全球化的实质是经济全球化，而经济全球化的急先锋和真正的推动者则是跨国公司。因此，各国之间的竞争主要体现在各国企业之间的竞争。

改革开放以来，中国的企业日益成长，一大批企业已经强大起来并开展了国际化经营。中国的许多国有企业已经跻身世界 500 强企业，综合竞争力位居世界前列，能够在世界市场上充分展开竞争。中国的一大批民营企业也已经茁壮成长起来，纷纷向国际市场进军。实际上，联想、华为和阿里巴巴等很多中国企业都成功地收购和兼并了国外企业，并在世界市场中取得了明显的优势。可以预见，未来中国将会产生更多更强大的跨国公司，中国企业在世界市场上的优势地位将会越来越显著。

随着经济全球化和全球经济一体化发展，旧的不合理的国际分工体系将逐渐瓦解，而被新的国际分工体系所取代。如果说旧的国际分工体系的形成带有一定的殖民和强权因素的话，那么新的国际分工体系将会在世界市场竞争规律的作用下自发形成。因为当今的世界是一个多元化的世界，即使是美国这样的强国也难以垄断世界市场。在这种情况下，各国可以充分发挥自己的比较优势，积极参与世界市场竞争，以期在新的国际分工体系中取得有利地位。

综上所述，在全球化大背景下中国必须以世界市场为目标来制订自己的发展战略，并利用自己的比较优势广泛地参与国际竞争，以便在新的国际分工体系中取得有利地位。同时，也必须清醒地认识到，现阶段中国仍然是一个发展中国家，无论是在体制机制还是在综合国力上，都存在着极大的改革和提升空间。因此，在积极地参与国际竞争的同时，中国仍需要韬光养晦、苦练内功，谦虚谨慎、戒骄戒躁，为建设一个强大的国家而努力奋斗。

二、在全球治理体系变革中展现智慧与才华

现有的全球治理体系主要是由发达国家主导建立的，主要体现了发达国家的利益，发展中国家的利益诉求没有得到应有的尊重。再者，即使是对于发达国家来说，现有的全球治理体系也存在着内在的缺陷和不足。比如，国际恐怖主义已经严重地威胁了发达国家的安全，而恐怖主义之所以能够在全球滋生和泛滥，与现有的全球治理体系不完善不无关系。特别是 20 世纪 60 年代以来，恐怖主义就已经不时地在全球出现，而在世界日益发达的今天，恐怖主义不但没有被彻底消灭，而且还出现了不断蔓延和扩张的势头。这对现有的全球治理体系来说，不能不说是一个绝妙的讽刺。因此，全面推动全球治理体系改革和完善，已成为国际社会必须解决的重大问题。

中国是一个负责任的大国，所以必须在全球治理体系变革中有所作为和贡献。由于现阶段中国仍然是一个发展中国家，自身的能力仍然有限，所以必须正确地处理好积极参与和量力而行的关系。首先必须在加深同发达国家的关系中发挥自己的作用。因为全球治理体系改革直接涉及发达国家的利益，中国应当说服发达国家，使他们明白全球治理体系改革可能为它们带来的长远利益。实际上，从经济上看，自布雷顿森林体系崩溃以来，国际货币体系一直呈现混乱状态，加大了世界各国的货币与金融危机的风险。2008 年美国的金融危机、2009

年以来欧洲主权债务危机以及新兴市场经济国家金融危机的发生，已充分表明现有的国际货币体系的脆弱性。世界贸易组织的建立为国际贸易发展发挥了重要的作用，但是国际贸易摩擦或贸易战仍然频繁发生，发展中国家和发达国家都深受其害，这说明国际贸易制度和规则仍然存在着进一步改革和完善的必要。然而，发达国家可能是因为利益所困，或者是惯性思维使然，一时还无法找到出路。在这种情况下，中国可以利用同发达国家的关系和自己的发展中大国的特殊地位来推动全球治理体系变革。

全球治理体系改革的核心是如何构建一个公正合理的超国家组织及其运行机制，以维护世界的和平与稳定并推动世界发展。由于全球治理体系的改革是一个长期的过程，所以应该循序渐进地推动现有的全球治理体系的改革。对于中国来说，首先应当在现有的国际组织中争取更多的话语权，在此基础上积极推动这些国际组织的改革和完善。同时，积极推动新的国际组织的建立，以弥补现有的国际组织的不足。中国应当积极主动地承担更多的国际责任，一方面是为了为世界的和平与发展做出更多的贡献，另一方面也是为了取得世界各国的信任。近些年来，中国对国际事务的参与度越来越高，展现了中国的风采，受到了世界各国的普遍赞誉。

全球治理体系变革主要是围绕着维护世界公共安全、保障人类生存安全和促进世界发展三个方面来展开的。当前的国际恐怖主义势力的不断扩大及其对人类所产生的危害，为构建新的国际安全机制提供了极好的机遇。中国应当抓住这个有利的时机，同国际社会一道来构建一个维护世界公共安全的长效机制，以便从根本上彻底消灭恐怖主义滋生的土壤和环境。目前人类生存安全中最令人关注的是地球环境恶化与气候变暖以及传染病的全球传播问题，这是目前最紧要的全球公共事务之一。中国已经利用各种场合来积极推动《巴黎气候协议》的签订，为保护地球环境做出了贡献。

促进世界发展涉及的问题面很广,但是概括起来主要有两个方面：其一，是一体化的世界市场及相关制度与保障体系的构建，目的是为跨国公司的全球化经营消除人为障碍；其二，是贫穷落后国家的援助和发展问题，这涉及贫困基金的建立、运作和使用问题。前者属于世界公共服务体系建设，每个国家都将从中受益，所以很容易受到各国的支持。而后者则属于专门化的问题，只有落后国家才能够直接从中受益，所以实施的难度较大。

无论是维护国际公共安全、保障人类生存安全，还是促进世界发展，都是世界各国共同关心的热点问题。目前之所以还没有得到很好的解决，是因为全球化还处于一个低级阶段，世界各国活动的重叠区域还较小。但是，随着全球化的不断推进，世界公共事务和公共产品的提供将日益重要，届时或许将会催生一个全新的全球治理体系、治理规则和治理机制。对于中国来说，这是一个很好的参与国际事务的机会。

三、灵活应对世界变化

在多元化的现实世界中，各种国际力量不断此消彼长，导致了国际政治和经济秩序的混沌化。从国际政治方面看，以美国和欧洲国家为代表的西方发达国家在国际舞台上的统治力虽然有所衰弱，但是仍然占据明显的优势。与此同时，各股地缘政治力量正在不断兴起，似乎有气吞山河之势。新老多种国际政治势力交织在一起，加剧了国际政治局势的不确定性。在这种复杂的国际政治环境下，中国应该以退为进，尽可能地在各种国际政治力量之间搞平衡，以争取和平发展的时机。从人类历史长河的角度看，目前的多元化国际政治势力相互竞争只可能是短暂的，最终必然会形成一个各方相互妥协的相对稳定的组织化状态。这也是人类文明发展的必然要求。

从国际经济方面看，以跨国公司为基础的世界市场是一个垄断竞争市场，一般很难形成类似于国内市场的那种垄断结果。如果世界各国都能够依据自己的比较优势来参与国际分工，那么世界各国都将从中受益。由于中国是一个大国，所以可以利用国内大市场的优势来培育和锻炼大企业，由此锻造出一大批在世界市场上具有竞争力的跨国企业，并利用跨国企业来占领或主导世界市场。这正是中国全球化战略的精髓之所在。所以对于中国这样的大国来说，应当从贸易、投资和资本全球化方面来寻求突破，国际政治关系的构建必须以服务经济为目的。同时，以强大的经济实力为基础来承担更多的国际责任。

　　中国必须随时关注世界科技和产业发展动向，并以此来进行结构性改革和调整中国的对外战略。因为世界的任何变化和发展，都是以科技和产业创新为基础的。科技和产业创新决定了一国的发展潜力和综合实力，进而决定了一国的国际政治和军事实力。二战结束以来，美国之所以能够持续主导世界，就是因为它的科技和产业创新一直居于世界首位。20世纪90年代日本之所以失去了其80年代的辉煌，也是因为它偏离了世界科技和产业创新的主流，从而失去了新的发展动力。因此，中国能否成为国际社会的一个重要成员，取决于其能否引领世界科技和产业革新方向，这是中国需要认真思考的核心问题。

　　在地缘国际政治关系日趋多元化和复杂化的现阶段，中国应该确定国际关系的优先顺序。现阶段中国应着重发展和维护同本地区国家和国际组织之间的关系，在适当的时机积极推动新的区域国际组织的产生或推动既有的国际组织转型升级。中国正在推动和实施"一带一路"，并推动成立了亚洲基础设施投资银行，这是中国充分发挥地区作用的重要举措。同时，中国还可以利用这一契机进一步发展同欧洲国家的关系，并通过亚太经合组织这一纽带来进一步发展同亚太地区国家之间的关系。也就是说，通过"一带一路"来带动中国的国际关系的全面发展，以便更好地适应世界局势的变化。

第四节　后全球化过渡期中国的战略大布局

一、全面推动"一带一路"

"一带一路"是新时期中国提出的全面发展对外关系的伟大倡议和构想,其长远目标是构建全球战略伙伴关系,推动世界发展。"一带一路"倡议涉及亚洲、独联体及高加索地区、欧洲、北非与大洋洲等世界多个地区,战略位置突出,辐射力强,并且中国与相关国家已经建立了良好的双边关系。同时,相关国家也都有强烈的参与愿望。因此,"一带一路"不仅有利于推动中国的对外投资、贸易和金融发展,提高中国的国际影响力;而且也有利于带动相关国家的基础设施建设和投资,促进其社会经济发展,是一个对所有参与国家都有积极意义的"互利共赢"的伟大举措。

"一带一路"能否成功实现,首先取决于所有参与的国家能否真正从中受益,包括现实利益和长远利益。由于"一带一路"相关国家中的许多国家都属于发展中国家,基础设施落后,缺乏强大的经济增长极和经济支撑点,所以"一带一路"发展的切入点应当是基础设施建设及相关产业的发展。基础设施投资与建设的主要特点是具有很强的乘数作用,能够很快地带动经济发展,使相关国家能够很快地获得现实利益。同时,基础设施投资与建设还有利于增强一国和地区的发展能力和后劲,持续地推动一国的社会经济发展。因此,"一带一路"的推进首先应当以建设国际化的铁路交通大干线为起点,以此来带动沿线国家的社会经济发展。这对于推动中国高铁技术和钢铁等产品出口也是有极大帮助的，具有多重作用。

"一带一路"的推进必须以强大的金融资本为后盾。中国已经推动建立了亚洲基础设施投资银行，这无疑能够为"一带一路"建设和发展提供大量的资金支持。但是与"一带一路"发展的巨大资金需求相比，仍然存在较大的资金缺口。中国可以利用这个机会，一方面积极推动国内资本市场国际化发展，为相关国家提供融资服务；另一方面，推动人民币国际结算业务和人民币国际化发展。在全球化发展中，目前中国的最大短板是金融和资本国际化程度低，这与中国的贸易和投资大国的地位极不相称，也不利于中国国际影响力的提升。因此，中国可以利用"一带一路"发展的契机，大力推动金融市场化改革，逐步实现金融国际化。

"一带一路"的持续推进，有赖于长效合作机制的建立和基础保障平台的建设。现有的国际组织与合作模式已不再适用于"一带一路"建设，必须创新合作模式与合作体制。新的合作模式与体制应当具有一定的稳定性，以保障"一带一路"事业的持续发展。同时，还应当具有一定的灵活性，以适应不断变革的世界。这需要集各国的智慧来共同解决。此外，"一带一路"持续推进的根本在于人才，各国之间应该加强人才交流与科技合作，以加快培养高素质的国际化人才。中国是个经济和科技发展较快的大国，应当在人才交流和科技合作方面发挥更大的作用。

二、积极实施"走出去"战略

在改革开放早期，中国实施的主要是"引进来"战略，也就是大规模引进外资，以弥补国内资金短缺和解决投资不足的矛盾。实践证明，这一战略举措是十分正确的，它在推动中国的社会、经济和科技快速发展中发挥了十分重要的作用。然而，现阶段中国的经济和技术发展已经达到了较高的水平，国内企业的发展日趋成熟，尤其是国内大中型企业的市场竞争能力不断增强，已经具备了走向国际市场的能力和条件。同时，现阶段国内的某些领域已经出现了产能过剩的矛盾，国内市场逐渐出现了饱和状态。在这种情况下，积极实施"走出去"战略，鼓励国内企业大举到国外投资经营，是中国实施全球化战略的重要内容之一。

积极实施"走出去"战略是中国企业成熟化的重要标志之一。因为在全球化大背景下，对于一个有作为的企业来说，从企业的投融资、原材料来源、生产直到销售，每一个环节都与世界市场密不可分。比如，人们日常生活所用的汽车、电脑和手机等，许多零部件都来自世界多个国家，整车和整机组装完成后，不仅在国内市场销售，也销往世界各国，很少有企业仅仅依赖国内市场。即使是浙江义乌的小商品市场，也是面向全世界的。尤其是一些大中型企业，无论是从它们的竞争实力还是生产规模方面看，都已经完全具备了走向国外的条件。实际上，许多大中型企业都已经实施了国际化经营战略。不过总的来说，目前中国的企业国际化经营尚处于初级阶段，在国际上的影响力还有限，与中国的大国地位极不相称。所以，还必须加快国际化步伐。

跨国公司已经成为当今世界经济发展的主角。一国的综合竞争力从经济上看，很大程度上主要反映其企业在世界市场上的竞争能力及其对国际市场的占有率。发达国家对世界经济的影响主要体现在其跨国公司在世界市场上的垄断地位，世界的制造业和零售业等几乎所有的行业都被发达国家的跨国公司所控制。有些大型跨国公司的经济实力已经超过了一般的小国家。这对中国来说，是一个极大的警示。前面已经提及，全球化的重心是经济全球化，而经济全球化的微观主体则是企业国际化。因此，积极推动企业走出去战略，是中国全球化战略的一个重要组成部分。

当然，对于特定的企业来说，能否开展国际化经营，主要取决于其自身的成长和发展。不过，从发达国家的发展经验看，在经济发展的初期，各国政府几乎都采取了一定的激励政策和措施来推动企业的国际化发展。再者，美国等发达国家，在国内资本出现过剩时，一般也会采取鼓励措施来促进本国资本向外投资。中国可以充分借鉴发达国家的经验，制订系统的鼓励措施来推动企业国际化经营，期望在不久的将来中国的跨国公司能够与发达国家的跨国企业相匹敌。

三、深化与发达国家的合作

加强与发达国家的关系，深化与发达国家的合作，是中国未来对外开放和走向世界的战略重点之一。首先，中国仍然是一个发展中国家，在许多方面与发达国家还有较大的差距，还需要虚心地向发达国家学习和取经。在经济上，中国虽然已经是世界第二大经济体，仅次于美国，但是人均国内生产总值仅仅位于世界中等之列，与发达国家差距较大。在科技上，中国更是落后于美国、欧盟和日本等国家和地区，中国虽然已经是一个科技大国但还不是科技强国。中国的人才、知识和科技存量虽然已经达到了一定的规模，但是高端的创新性人才和原创性的科技成果还屈指可数。从创新体系方面看，发达国家的创新以企业为主体，以高等教育和研究机构为补充，而中国还没有形成一个以企业为创新主体的创新体系，导致发明专利数量不少但是实现产业化的不多等问题。种种现实表明，中国在经济和科技等诸多领域，还需要全面地向发达国家学习。

现阶段发达国家仍然是世界的主宰者，几乎所有的国际组织和机构都是由发达国家来主导，国际地缘政治势力划分也是发达国家导演的结果，以美国为首和欧洲发达国家加入组成的北约集团则是世界上最强大的军事集团组织。凡此种种都表明，至少在现阶段国际上大大小小的事务，没有发达国家的参与，是不可能成功的。这就决定了，在国际关系问题上，中国必须与发达国家进行紧密合作。现阶段中国所扮演的角色是斡旋者和推动者。比如，在全球气候变化问题上，中国始终是《巴黎气候协议》的倡导者和推动者，美国一度持消极态度，中国和欧盟等国家和地区一起努力，最终促使了这项协议的签订。

中国是个不结盟国家，中国与发达国家合作的重点是在经济和科技两个领域。目前中国同美国、欧盟和日本等发达国家和地区都开展了经济交流和合作，并且规模越来越大。但是近些年来，中国同欧盟和美国等国家的贸易和投资摩擦事件不断发生，这主要是因为双方的信任不够，未来还应该加强互信和合作，采取互惠互利的态度，促使贸易和投资自由化发展。从实践上看，中国同发达国家的经济摩擦，在一定程度上与制度和意识形态差异有关。这就要求中国加快制度创新，同时加强与发达国家的沟通，加深彼此了解，从根本上消除障碍。

深化与发达国家的科技合作尤其重要。目前中国已经成为世界科技大国，中国的高等教育规模已位居世界前列，科技人员数量、发表的论文数量和申请的发明专利数量也都位居世界前列。然而，中国还不是科技强国，与美国、英国和日本等科技强国差距较大。目前中国已经与发达国家开展了大规模的科技人员交流(包括互派留学生和访问学者等)，但是开展实质性的科研合作还不多，未来必须补上这个短板。

四、拓展与发展中国家的关系

中国自身也是一个发展中国家，所以与广大的发展中国家息息相通。中国已经与亚洲、非洲、东欧和南美洲等诸多发展中国家建立了各种经济联系，但是无论是广度还是深度方面都还有更多的拓展余地。首先是要加强与广大发展中国家的团结与合作，在国际事务中相互支持、相互配合，共同维护发展中国家的正当权益。因为目前发达国家几乎在所有方面都居于强势地位，而中国和广大的发展中国家则处于弱势地位，所以中国必须和广大的发展中国家紧密地团结起来，在处理国际事务上采取一致的态度，才能够迫使发达国家让步，以减少强权国家对发展中国家的损害。

加强同发展中国家的经济交流和合作，是拓展与发展中国家关系的另一个重要方面。虽然发展中国家在经济和科技等各个方面都比较落后，但是它们具有丰富的原材料和矿产资源等，中国可以利用这些资源来发展自己的经济。特别是一些中国缺乏的稀有金属和矿产资源，中国只能从具有这些资源的发展中国家进口，同这些国家建立良好的经济合作关系更加重要。同时，中国可以利用自己的经济和技术优势到发展中国家进行投资，在获得了一定的经济利益的同时，也促进了对方国家的经济发展，实现了互利共赢的目标。有些发展中国家的技术水平较高，中国同这类国家进行经济交流和合作，还能够学得先进的技术和管理经验。事实上，中国与发展中国家之间具有很强的互补关系，加之两者之间的关系是平等的，所以很容易建立起互惠互利的经济贸易关系。

发展同非洲和南美洲等发展中国家的关系是中国外交战略的一个重要组成部分。非洲和南美洲等发展中国家大多比较贫困，基础设施落后，物质生活水平低下，但是发展潜力较大，这就为中国向这些地区进行大规模的投资创造了条件。比如，中国对非洲进行的铁路、公路和水电等基础设施投资，既解决了中国的资本和技术输出的问题，又为当地提供了大量的就业机会，并将带动当地相关产业的发展，对解决非洲的贫困化问题和推动非洲经济的长远发展具有深远的影响。同时，也树立了中国在非洲的国际形象。中国在古巴和委内瑞拉等南美洲国家的投资和技术援助，也受到了当地国家民众的欢迎，增强了人民之间的友谊。

深化与周边发展中国家的关系对于中国的和平发展极为重要。首先，中国与周边国家的地理位置接近，文化习俗相近，具有良好的经济贸易关系基础。其次，亚洲地区将是未来最有潜力的世界经济增长极之一，亚洲许多新兴市场经济国家已经接近发达国家的发展水平，中国深化与周边国家的合作必将对世界经济产生不可估量的影响。目前中国虽然与周边国家在领土问题上存在一定的纠纷，但是只要相关国家真诚沟通与合作，所有的问题都能够得到较好的解决。中国应该与周边国家共同努力，为建设一个新的亚洲经济共同体而努力奋斗。

第五节　世界大变革背景下中国如何苦练内功

一、进一步深化体制改革

目前中国的改革开放已进入新的发展阶段，需要在政治、经济和社会管理体制等方面进一步进行深度的改革和完善。在政治体制改革方面，急需解决的主要问题是：（1）规范权力运作，强化对权力的制衡与约束，以减少公职人员的不作为和各种形式的腐败行为。（2）加强地方政府的改革和法制建设，如优化行政区域、减少行政治理层级、理顺省级和县（市）级政府之间的关系、规范和约束地方政府及其官员的权力、建立各级政府官员与普通公务员常态化的灵活的进入与退出机制等。（3）加强对公务人员的科学考核和管理。由于公务人员行使行政权力，他们的行为对社会影响很大，所以必须对各级各类公务人员的公务行为实行严格的监督和管理。应积极借鉴香港和新加坡对公职人员管理的经验，对违反规定和纪律的公务人员实行零容忍式的惩罚制度。

中国经济体制改革的核心是理顺政府和市场之间的关系，充分发挥市场机制的作用。虽然经过了改革开放几十年来的改革和发展，但是政府主导经济和市场发展的现象还在一定程度上存在，公正、有效的市场竞争局面还没有全面形成。此外，国有企业的大量存在也挤压了私营企业的生存空间。因此，必须加快经济体制改革，充分发挥市场机制的基础性作用。同时，必须优化企业经济结构，加快国有企业经营体制和机制改革，充分激活微观经济主体的活力和效率。

社会管理水平较低是现阶段中国改革中急需解决的重要问题之一。因为社会经济发展存在多层次和多元化，同时社会经济也在不断地发展，这就需要实施相应的管理体制。但是，目前许多地方仍然沿袭了传统的管理体制和方式。比如，传统的户籍管理方式，已经远远不能够适应现代开放的市场经济发展的新形势，必须加快改革和完善。尤其是附着在户籍上的适龄儿童义务教育的矛盾已经十分突出，必须尽快解决附着在"户籍"制度上的教育问题，以方便公民的自由迁徙和发展。此外，对于个人档案管理、公共安全管理、农村基层社会与社区治理、城市社会与社区治理等方面也应该进行改革和完善。

二、努力推进结构性改革

在现代市场经济条件下，中国的结构性改革的核心是市场结构和企业结构的改革，其他所有的改革都应当围绕这两个方面来进行。现阶段中国的市场结构存在着两个缺陷：其一，是政府和市场的关系尚未完全理顺，政府对市场过多的、不必要的干预现象还部分存在；其二，是市场垄断现象较多、市场竞争性不强。以上两个缺陷就决定了市场的活力和效率难以得到充分发挥。

中国的企业结构存在着失衡问题。首先是国有企业和私营企业的比例结构失衡。国有企业所占的比重过大，这就为某些国有企业垄断市场创造了条件。其次是企业的组织规模结构失衡，没有形成一个大、中、小企业合理比例的结构，大多数行业的企业集中度过高。最后是企业的行业结构失衡。目前最突出的现象是房地产业发展过热，房地产企业的投资利润率相对较高，导致了大量的资本集中到房地产业中去，这势必影响整体经济发展的质量。

市场结构和企业结构具有相互作用的关系。解决中国的结构性矛盾的关键是要创造一个公平竞争的市场环境，包括完善市场体系、健全法律法规、严格界定政府和市场的边界、保护私有产权、建立现代企业制度等。问题的症结在于如何减少政府对市场的不合理干预和国有企业如何改革，而两者都取决于政治和经济体制改革。因此，结构性改革的基础和前提是政治和经济体制改革，否则难以真正取得成效。

当前中国正在推动供给侧改革，目标是消解过剩产能和解决结构性矛盾。中国的供给侧矛盾产生于需求不足和供给过剩两个方面。需求不足是相对于国内居民的巨大需求潜力而言的。目前中国的人均消费水平仍不高，贫困人口还大量存在。但是由于人均收入水平有限和存在贫富两极分化现象，所以导致了现实的需求水平难以大幅度提高。供给过剩则主要是由政府主导市场和垄断性市场结构两个方面的因素共同导致的。目前解决供给侧矛盾的主要手段仍然是行政化手段，这在短期内或许是必要的，也会起到立竿见影的效果，但从长期看，必须依靠市场机制的作用，所以必须加快市场化改革。

三、加快科技创新步伐

创新是发展的灵魂，没有创新就没有发展。现阶段中国已经具备了一定的创新基础和能力。但是与发达的国家相比，还有很大的差距，还需要全面加快创新步伐。而加快创新步伐的关键是要构建一个高效灵活的创新体系，加快教育与科技体制改革，增加科技投入。

从创新体系方面看，目前中国的科技创新主要是在国家的主导下完成的。以中国科学院等为主体的国家科研机构和全国高等教育机构成为国家的主要创新主体，大部分的科研成果都是由它们创造出来的，这是中国的特色和优势。然而，发达国家的创新主体主要是企业和民

营机构 (包括科研机构和私立大学),特别是应用型技术的开发和应用都是在市场机制的作用下由企业来完成的。由于企业最了解市场,所以企业会通过不断地创新来保持自己在市场上的优势地位。尤其是大型的跨国公司,技术实力雄厚,足以引领技术创新潮流。

与发达国家不同的是,中国的以政府为主导的创新体系在重大的基础科技研究方面有一定的优势,但是在应用技术开发和研究方面存在内在的不足。因为无论是中国科学院等研究机构还是高等学校,它们不是市场的直接参与者,所以难以充分了解变化莫测的市场,这就导致了大量的专利发明难以实现产业化的结果。因此,中国必须在充分发挥现有的国家科研机构作用的同时,还必须发挥企业在科技创新方面的作用,并推动科研机构和企业在技术创新方面的合作。

中国的教育与科技体制历来也是社会关注较多的热点领域。目前国家正在实施一流大学和一流学科建设战略,有望全面推动科技创新步伐。

四、实现城乡现代化发展

现阶段中国的城市化水平日益提高,但是城市化的效率和质量还有待于提高。首先是城乡二元结构还没有彻底消除,主要表现在城乡一体化体制还不健全,城市和乡村分割式发展的矛盾还没有消除。实际上,由于城市和乡村的功能定位不同,所以两者之间具有极大的互补性。问题的关键在于,如何在功能互补中实现两者的互惠互利,这对未来的城乡发展规划提出了挑战。

其次是城市自身的发展存在诸多的问题。最突出的是，随着城市的发展，城市的环境质量越来越差。造成这一后果的原因在于，城市的设计和管理理念落后于现实的发展。无论是从紧密型城市还是松散型城市上看，都没有将城市的人工环境和自然环境融入到一起。实际上，随着交通和信息技术的发展，即使是在地理空间上松散的城市，其要素的有效聚集度也在增强。因此，现代城市发展成功与否的关键在于，如何实现城市的人工环境与自然环境的有机统一。而在所有的自然环境中，城市的水环境最为重要，因为它不仅对城市的地下水维持和绿化特别重要，而且还可以极大地改善城市的大气环境和吸纳与降解部分污染排放。可是，目前许多城市并没有重视水环境问题。事实上，许多城市都有发展小型的城市湖泊和湿地的条件，关键是如何将它们与城市居民的生产与生活有机地融合到一起。

农村发展具有分散化特点。由于各个地区的自然、经济和社会条件不同，所以农村的发展模式应该多种多样。农村现代化发展的关键是如何实现农村交通、信息和农业基础设施的现代化。由于农村城镇化发展，农村的交通和信息基础设施将得到极大的改善，所以农村现代化的难点在于如何实现农业现代化，这将是一个长期的过程。

农业现代化发展的关键是农业技术创新，包括农业品种改良技术、施肥与土壤改良技术、耕作技术、灌溉技术、设施农业技术、海洋农业技术、水生农业技术、沙漠农业技术、山地农业技术、气候适应性农业技术和精细农业技术等。以精细农业技术为例，随着人们生活水平的提高，对农产品质量的要求也越来越高。精细农业发展的目标是生产出无污染和营养价值高的农产品。比如，硒元素对人体十分有益，而一般农产品中的含量有限，所以可以通过在土壤中施入添加硒元素的肥料来提高农产品中硒的含量。类似地，还可以人工培育出"全价营养"的农产品。实际上，世界上许多国家已经在开展这方面的研究。由于精细农业发展需要更多的投入，所以更适合于在特定的地域发展，城郊地区就是发展精细农业的最佳场所之一，因为城市居民对全价农产品的需求量大，这也表明城乡之间具有很多的互补性。

五、大力发展新经济

相对于传统经济，新经济是一种低投入、低能耗、低污染和高效率的绿色、低碳经济，它是未来经济发展的方向。在目前全球气候变暖和人类生存环境日益恶化的情况下，以欧盟为代表的许多国家和地区都在积极地推动新经济发展。中国是《巴黎气候协议》签订的积极倡导者，也是环境问题较为严重的国家之一，所以大力发展新经济将成为未来中国发展的重要战略目标之一。

对于中国来说，由于粗放式发展模式还没有完全消除，总体的经济技术水平仍较低，所以全面实施节能降耗和节能减排是现阶段新经济发展的首要任务。首先是要结合当前的供给侧改革，全面淘汰落后产业、高能耗产业和高污染产业。特别是落后地区，这类产业还占有一定的比例，必须加大淘汰力度，实现产业转型。其次是对现有产业进行技术改造与升级，尤其是对制造业进行智能化和信息化改造，尽快使它们转变成为现代化的产业部门，以迎接世界新的技术创新浪潮的挑战。最后是大力发展新兴的低污染、低能耗和高附加值的产业，推动产业的全面升级，这是新经济发展的关键之所在。能否全面实现节能降耗和节能减排目标，关键在于能否在相关的关键技术上取得突破。因此，绿色、低碳经济技术将是未来中国科技攻关的重要阵地之一。

推动循环经济发展是新经济发展的又一重要内容。因为无论技术水平多么高，生产和生活中都不可能直接实现零排放，所以还需要对生产和生活中的废弃物进行资源化和无害化处理，以减少资源浪费和对环境的污染。实际上，垃圾并非是无用之物，垃圾中含有大量可回收利用的宝贵资源，如果进行合理的分类回收、处理和利用则可以变废为宝。目前中国城市的生产和生活垃圾大量产生，并大多采取了填埋的方式进行处理，对周围环境造成了污染。应当借鉴日本等国家对废弃物进行分类回收、处理和利用的经验，对废弃物进行循环利用，将它们变废为宝，这是社会层次的循环经济发展。此外，还可以通过建设生态工业园区的方式来发展循环经济，以及在企业内部发展循环经济。

大力发展绿色环保产业对于推动新经济发展极为重要。绿色环保产业不仅低污染、低能耗、节约资源，而且是一个发展潜力巨大的产业，能够创造出大量的就业岗位和全面推动技术创新。欧盟、美国和日本等许多发达国家和地区已经将它列为战略性新兴产业来推动其发展，而且将它和生命与健康并列为未来技术创新的重点领域。由于中国的废弃物产生量越来越大，所以绿色环保产业具有良好的发展基础，也具有大规模发展的急迫性。因此，国家应当将绿色环保产业提升为战略性产业来推动其发展，同时将绿色环保技术列为国家科技攻关的重点领域之一，增加研发投入，使绿色环保产业成为一个重要的新的经济增长点。

六、全面推动国内外市场的深度融合

改革开放以来，中国的经济和市场逐渐与国际接轨，初步实现了国际化。但是由于政治、法律和经济体制的不同，所以还没有实现国内经济与市场同国外的完全接轨，还需要进行深度融合。首先是要改革和完善国内的商务法律制度与规则。最好能以国际通行的商务法律制度与规则为准则来推动国内商务法律制度与规则的改革，为实现国内市场与国际市场完全接轨创造条件。

其次是逐步放宽国内市场的准入条件和对国外企业实行国民待遇。考虑到国家产业安全和环境保护等特殊问题，在市场进入方面国内外企业不可能完全等同，但是应尽可能地缩小限制和歧视的范围，同时在管理手段上应尽可能地尊重市场规律。再次是完善国内市场体系。目前国内的市场体系尚不完善，商品市场和要素市场（包括货币市场、外汇市场、资本市场和劳动市场等）不完全匹配，要素市场的发育滞后于商品市场，要素市场内部也存在不平衡发展的问题。市场体系不完善，不仅影响了企业的发展和竞争性市场体系的培育，而且也难以实现国内市场和国际市场的真正接轨。现阶段除了继续推动商品市场的现代化发展外，应加快要素市场的发展，特别是货币市场的发展。因为中国实行的是银行导向型的融资体制，所以货币市场的发育与发展十分重要。然而，现阶段不仅金融机构的竞争性不强，而且利率的市场化改革还没有完成。利率市场化是货币与资产市场有效发展的基础，也与汇率和外汇市场密切相关，所以是未来中国市场体系改革的关键领域之一。

最后是微观经营机制的改革和完善。发达市场经济国家的共同点是，私有制企业占主体地位，并且股份制经营企业、合伙制经营企业和个体经营企业具有一个合理的比例。一般来说，在总的企业类型中，合伙制经营企业和个体经营企业所占有的数量最多，但是市场份额不及股份制经营企业，所以股份制经营企业的地位最为突出。股份制企业制度的核心是实行所有权、经营管理权和监督权的适当分离，以确保在提高企业经营业绩的同时，还能够实现企业的长远发展目标，代表了现代企业制度。目前中国的企业以国有企业为主体，与发达的市场经济国家存在着很大的差异。因此，必须加快国有企业经营机制改革。

参考文献

[1] 窦祥胜. 国际金融学教程[M]. 北京: 经济科学出版社, 2007: 441-447.

[2] 刘力, 章彰. 经济全球化: 福兮? 祸兮? [M]. 北京: 中国社会出版社, 1999: 4-6.

[3] 迈克尔·波特. 国家竞争优势（中译本）[M]. 北京: 中信出版社, 2007: 569-630.

[4] 人口老龄化与人口政策[EB/OL]. [2016-10-05] http://www.renkou.org.cn/problem/2016/6105.html.

[5] 中国是联合国维和行动的重要贡献者[EB/OL]. [2016-10-08] http://news.163.com/16/0530/12/BOAJ839400014SEH.html.

[6] 张幼文. 世界经济学[M]. 上海: 立信会计出版社, 1999: 339-347.